Irene Ferchl · Wilfried Setzler
Landpartien in die Romantik

E. Stotz

Irene Ferchl · Wilfried Setzler

Landpartien in die Romantik

Auf den Spuren der Dichter durch Baden-Württemberg

Irene Ferchl, geboren 1954 am Bodensee, lebt als Kulturjournalistin in Gerlingen. Autorin unter anderem von *Stuttgart. Literarische Wegmarken in der Bücherstadt* (2000). Seit 1993 ist sie Herausgeberin des *Literaturblatts für Baden und Württemberg*. Irene Ferchl hat die Kapitel zu Heidelberg, Wangen im Allgäu, Meersburg, Calw-Hirsau, Baden-Baden, Karlsruhe, Maulbronn, Ludwigsburg und Stuttgart geschrieben.

Wilfried Setzler, geboren 1943 in Pforzheim, leitet das Kulturamt der Stadt Tübingen und ist Honorarprofessor an der Fakultät für Geschichte und Philosophie der Universität Tübingen. Er ist überdies Autor zahlreicher landesgeschichtlicher und landeskundlicher Veröffentlichungen. Von ihm stammen die Kapitel zu Weinsberg, Cleversulzbach, Blaubeuren, Bad Säckingen/Hohentwiel, Hausen im Wiesental, Lichtenstein, Gomaringen, Tübingen und zum Neckar.

Gemeinsam haben Irene Ferchl und Wilfried Setzler den literarischen Reiseführer *Mit Mörike von Ort zu Ort. Lebensstationen des Dichters in Baden-Württemberg* (Silberburg-Verlag, Tübingen 2004) verfasst.

Bild auf der Einbandvorderseite oben:
Blick auf das biedermeierliche Weinsberg mit der Burg »Weibertreu«.
Farblithographie, um 1840.

Einbandvorderseite unten und Einklinker auf dem hinteren Vorsatzblatt:
Adolphe Jean Baptiste Bayot, Arkade des gläsernen Saalbaus im Heidelberger Schloss. Lithographie, 1844.

Frontispiz:
Ein Lorbeerkranz für Wilhelm Hauff mit Szenen aus seinen Werken.
Stahlstich, um 1860.

1. Auflage 2006
© Copyright 2006 by Silberburg-Verlag Titus Häussermann GmbH,
Schönbuchstraße 48, D-72074 Tübingen.
Alle Rechte vorbehalten.
Umschlaggestaltung: Anette Wenzel, Tübingen.
Druck: Offsetdruckerei Karl Grammlich, Pliezhausen.
Printed in Germany.

ISBN-10: 3-87407-690-3
Ab 2007 ISBN-13: 978-3-87407-690-6

Besuchen Sie uns im Internet
und entdecken Sie die Vielfalt unseres Verlagsprogramms:
www.silberburg.de

Inhalt

8 »*Reisen soll ich, Freunde, reisen?*«
   Zeit und Landschaft

11 »*So hatten sie's in Träumen wohl gesehen*«
   Heidelberg, ein romantischer Mythos

35 »*Zu Weinsberg, der gepries'nen Stadt,
   Die von dem Wein den Namen hat,
   Wo Lieder klingen, schön und neu,
   Und wo die Burg heißt Weibertreu*«
   Weinsberg und Justinus Kerner

45 »*Auf dem Kirchenthurm ein guter Hahn,
   Als ein Zierrath und Wetterfahn*«
   Cleversulzbach und Eduard Mörike

51 »*Die Wasserfrau ist kommen
   Gekrochen und geschwommen*«
   Blaubeuren, die schöne Lau und die Klosterschule

56 »*O Täler weit, o Höhen*«
   Wangen im Allgäu – Eichendorff im Exil

62 »*Ja, wird mir nicht baldigst fade
   Dieses Schlosses Romantik*«
   Meersburg am Bodensee

76 »*Wohlauf die Luft geht frisch und rein,
   Wer lange sitzt, muß rosten*«
   Victor Scheffel: Von Säckingen und dem Hohentwiel

87 »*Feldbergs lieblichi Tochter*
   Im verschwigene Schooß der Felse haimli gibore«
   Johann Peter Hebel und sein Wiesental

100 »*Stilles Denkmal längst verstummten Lebens*«
    Kloster Hirsau im Schwarzwald

108 »*Baden ist sehr stark und dort die große Welt*«
    Kuren und flanieren in Baden-Baden

122 »*Wenn man hineintritt, so ist es,*
    als ob ein geordneter Verstand uns anspräche«
    Hofleben und Gesellschaft in Karlsruhe

131 »*Wo ich ihre letzten Blicke und süßen Worte empfieng*«
    Ein Obelisk im Kloster Maulbronn

138 »*Bis es in leises Flüstern der Äolsharfe verklang*«
    Ludwigsburg, Kerners Grasburg

149 »*Aber schön ist der Ort, wenn in Feiertagen des Frühlings*
    Aufgegangen das Thal«
    Stuttgart

167 »*Wo ist eine Stelle in teutschen Landen,*
    die sich mit dieser messen könnte!«
    Der Lichtenstein, ein Märchenschloss der Romantik

180 »*Er hat einige schöne Lieder gedichtet,*
    auch etwelche hübsche Balladen«
    Gomaringen und Gustav Schwab

189 »*Du bist Orplid, mein Land!*
Das ferne leuchtet«
Tübingen

213 »*In deinen Thälern wachte mein Herz mir auf*
Zum Leben, deine Wellen umspielten mich«
Neckarland – Dichterland. Von Lauffen bis Nordstetten

222 Nützliche Informationen und Adressen

225 Bildnachweis

226 Benutzte und weiterführende Literatur

232 Orts- und Personenregister

Zeit und Landschaft

> Reisen soll ich, Freunde, reisen?
> Lüften soll ich mir die Brust?
> Aus des Tagswerks engen Gleisen
> Lockt ihr mich zu Wanderlust?

Romantische Landpartien – denkt man da nicht unwillkürlich an einen Spaziergang der besseren Stuttgarter Gesellschaft hinauf zum Schloss Solitude oder an einen sommerlichen Ausflug der Heidelberger Studenten in weiblicher Begleitung entlang des Neckars zum Stift Neuburg? Kommt einem nicht eine Wanderung von Tübingen zur Wurmlinger Kapelle in den Sinn oder ein gemächliches Flanieren auf der Lichtentaler Allee in Baden-Baden?

Diese und viele andere Wege sind wir gegangen und haben dabei nach den Spuren der literarischen Romantik und der Romantiker Ausschau gehalten, nach Gedichten und Briefstellen, nach Beschreibungen und Geschichten gesucht, die von Orten, Landschaften und der Historie erzählen. Einer der ergiebigsten Reiseleiter ist dabei Gustav Schwab, der als erster weite Strecken des Landes durchstreift und dessen Sehenswürdigkeiten anschaulich geschildert hat.

Er begegnet uns deshalb in vielen Kapiteln. Ebenso wie Ludwig Uhland, der unermüdliche Reisende, den die Eindrücke unterwegs oft zu Gedichten wie »Die Wurmlinger Kapelle« (oder das eingangs zitierte) anregten, oder Justinus Kerner, dessen so phantasievolle wie witzige Novelle *Die Reiseschatten* seinen Ruhm begründete. Die Mobilität der Menschen im frühen 19. Jahrhundert – also vor Beginn der Eisenbahn-Ära – erstaunt immer wieder: Sie wechselten ihren Wohnsitz des Studiums wegen oder weil es der Berufsantritt oder die Heirat erforderte, sie besuchten Freunde, reisten zur Kur und entdeckten mehr und mehr auch den Reiz des zweckfreien Unterwegsseins – der Landpartie.

Wer von Romantik spricht, muss erst einmal erklären: welche ist gemeint, die Frühromantik in Jena, die Heidelberger, die Berliner, die Schwäbische Romantik? Zählen Hölderlin dazu, Mörike und die Droste, gar der frühere Hebel und der spätere Scheffel?

Der Schriftsteller und Literaturwissenschaftler Gerhard Storz meinte, dass die stilgeschichtliche Zusammenfassung als schwäbische Romantik wenig verlässlich sei und die Zusammengehörigkeit der zahlreichen Dichter der Jahrzehnte eher unter den Gesichtspunkten von »Zeit und Landschaft«, also eher schwäbisch denn romantisch zu akzentuieren sei.

So sahen das zu Zeiten – freilich unter anderen Vorzeichen – auch die Dichterkollegen: Aus der Region, worin ein Uhland walte, möchte wohl nichts Aufregendes, Tüchtiges, das Menschengeschlecht Bezwingendes hervorgehen, urteilte Goethe wenige Monate vor seinem Tod in einem Brief, der einen Einzelnen treffen, aber eigentlich auch gleich eine ganze Literaturlandschaft desavouieren sollte.

Sonst nicht unbedingt einer Meinung mit dem deutschen Dichterfürsten, bliesen Heinrich Heine und Heinrich Laube ins gleiche Horn: Als »Kleindichter« schmähte Heine die Schwaben, nahm sie in seiner *Schwäbischen Schule* individuell aufs Korn und wies ihnen im *Atta Troll* schließlich noch einmal die Tugend als einzige Qualität zu, wohingegen die anderen Schriftsteller Geist, Phantasie und Leidenschaft hätten. Heinrich Laube, der Schwaben bereist hatte, setzte in seinen *Reisenovellen* noch eins drauf: »Die Schwaben, gesegnet mit manchem glücklichen Talente der Dichtkunst, haben sich zu Dichtergruppen zusammengeschlossen« und Gustav Schwab sei der »prustende Repräsentant alles dessen, was schwäbelt«, wozu er die deutsche Literatur in Stuttgart verwalte und vor zudringlichen Geistern schütze.

Nun dient Polemik meist eher der Unterhaltung als der Wahrheitsfindung. Tatsächlich führten vor allem Kerner und Schwab ein offenes Haus, in dem fremde Gäste, wie Nikolaus Lenau oder Karl August Varnhagen von Ense, willkommen waren. Von außen wirkt, was eigentlich ein Netzwerk ist, wie ein geschlossener Zirkel. Man war seit Seminar- oder Stiftszeiten miteinander bekannt, hatte gemeinsame Projekte, unterstützte sich gegenseitig bei der Publikation, korrespondierte miteinander und besuchte sich.

Als 1807 in Tübingen das handgeschriebene Sonntags-Blatt erstmals verteilt wurde, war dieses zwar ausdrücklich als Reaktion auf Cottas *Morgenblatt für gebildete Stände* gedacht, aber es nahm – als »ein Spiel jugendlicher Kräfte, ein Punkt offenherziger Mitteilung«, wie Uhland definierte – gewissermaßen auf, was kurz zuvor in Heidelberg Furore gemacht hatte: das Erscheinen von *Des Knaben Wunderhorn*.

Diese Lieder- und Gedichtsammlung von Achim von Arnim und Clemens Brentano muss die Szene elektrisiert und wirklich den Zeitgeist getroffen haben. Denn gemeinsam ist allen Dichterinnen und Dichtern jener Epoche die Liebe zu Heimat und Natur, zur (mittelalterlichen) Geschichte, zu Märchen, Sagen und Volksliedern. Dazu gesellt sich der sehnsuchtsvolle Drang in die Ferne und bei den Romantikerinnen der Anspruch – wenn nicht auf ein selbstbestimmtes Leben – auf eine schreibende und liebende Verwirklichung.

Um die romantische Zeitstimmung zu verdeutlichen, lassen wir die Protagonisten ausführlich zu Wort kommen. Zudem haben wir versucht, sie an charakteristischen wie besuchenswerten Stätten zu verorten, denn Literatur erschließt sich zwar beim Lesen, leichter jedoch bei der Lektüre am authentischen Ort.

Irene Ferchl
Wilfried Setzler

»So hatten sie's in Träumen wohl gesehen«

Heidelberg, ein romantischer Mythos

»Heidelberg ist selbst eine prächtige Romantik; da umschlingt der Frühling Haus und Hof und alles Gewöhnliche mit Reben und Blumen, und erzählen Burgen und Wälder ein wunderbares Märchen der Vorzeit, als gäb' es nichts Gemeines auf der Welt.«

Joseph von Eichendorffs Charakterisierung fasst den »Mythos Heidelberg« in seinen wesentlichen Elementen zusammen: der immerwährende Frühling über einer zauberhaften Landschaft, das Zusammenklingen von Natur und Kultur, das Historie in ihrer schönsten Form vorstellt und eine poetische Szenerie erschafft, die alles andere vergessen macht.

Achim von Arnim als Student um 1800

Die natürliche Harmonie des Ensembles aus Stadt und Fluss, Berg und Tal, Steilhängen, Wäldern und Weinbergen, Gärten und Parks wurde immer wieder bewundert, auch von Goethe, der am 26. August 1797 in sein Tagebuch notiert: »Die Stadt in ihrer Lage und mit ihrer ganzen Umgebung hat, man darf sagen, etwas Ideales, das man sich erst deutlich machen kann, wenn man mit der Landschaftsmalerei bekannt ist, und wenn man weiß, was denkende Künstler aus der Natur genommen und in die Natur hineingelegt haben.« Für ihn ergibt sich erst durch die Schönheit der Brücke über dem Fluss ein Gesamteindruck: »Durch die Bogen sieht man den Neckar nach den flachen Rheingegenden fließen und über ihr die lichtblauen Gebirge jenseits des Rheins in der Ferne.«

Fehlt nur noch ein Hinweis auf den Dialog zwischen Wildnis und Zivilisation, Idylle und Erhabenheit und auf die Schlossruine als magischen Kristallisationspunkt deutscher Geschichte. Romantische Mittelalterphantasien, Melancholie über die Vergänglichkeit der Macht, patriotische Stimmung angesichts einer großen Vergangenheit – die Burg über der Stadt entfaltet für jeden Betrachter eine eigene Aura. Aber niemand bleibt unbeteiligt.

Er habe eben in seinem Hof »auf einer Matraze in der Sonne gelegen«, schreibt Clemens Brentano im April 1805 an seinen »Herzensbruder« Achim von Arnim, »das alte Schloß, zu welchem ich kaum ein paar hundert schritte habe guckte mich zu gleich an, und so habe ich eine Art von Sonnenstich erhalten«. Der Brief endet: »Schreibe gleich, daß Du gleich kommst. Was sitzt Du länger in Berlin? [...] komme in dies schöne Land, es ist hier schon unbegreiflich schön!«

Fröhliches Studentenleben

Tatsächlich folgte Arnim der Aufforderung des Freundes schon einen Monat später; seit 1804 lehrte Georg Friedrich Creuzer in Heidelberg, vom Herbst 1806 an Joseph Görres, und im Mai 1807 kam Joseph von Eichendorff in Begleitung seines Bruders Wilhelm zum Studium. Es war wohl weniger die Schönheit der Stadt als vielmehr der Ruf der aufstrebenden Universität, der in diesen Jahren viele Dozenten und Scharen von Studenten anzog; der badische Kurfürst und spätere Großherzog Karl Friedrich hatte 1803 die Universität – in einer als Neugründung bezeichneten Verstaatlichung – reformiert und ihr durch geschickte Berufungspolitik Bedeutung verliehen. Die Studentenzahl stieg im ersten Jahrzehnt des 19. Jahrhunderts von etwa 90 auf über 400.

Neben günstigen Lebenshaltungskosten machte der Freizeitwert eine Universitätsstadt auch schon vor 200 Jahren attraktiv, wie man den Äußerungen von Ludwig Börne, der hier Kameralwissenschaften studierte, entnehmen kann: »Die Herrlichkeit der Gegend um Heidelberg und das hübsche Leben überhaupt, das man hier führt, kann ich nicht genug beschreiben«. Man genoss, heißt es, den Tag nach Pfälzer Art, das der Stadt mit knapp 10 000 Einwohnern mangelnde Kulturleben ersetzte man durch Veranstaltungen im kleinen Kreis oder durch Ausflüge in die Umgebung.

Clemens Brentano, Bleistiftzeichnung von 1819

Eichendorff verglich seine Erfahrungen in Heidelberg mit den früheren aus Halle und geriet darüber sehr ins Schwärmen: »So war das ganze Studentenwesen eigentlich ein wildschönes Märchen«, und die Szenerie von Stadt, Schloss und Neckar »konnte zu allen Zeiten nicht verfehlen, die Stimmung der Jugend zu erhöhen und von den Fesseln eines pedantischen Komments zu befreien; die Studenten tranken leichten Wein anstatt schweren Bieres, und waren fröhlicher und gesitteter zugleich als in Halle.« Zu diesem Thema gibt es zwar auch andere Meinungen, aber das soll hier nicht diskutiert werden.

Fest steht, dass wenige Universitätsstädte so malerische Spazierwege bieten wie Heidelberg, und niemand sollte versäumen,

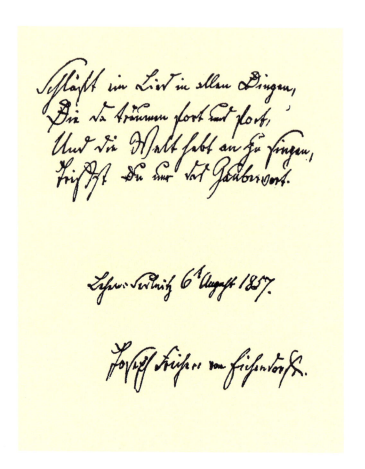

Eichendorffs Gedicht »Wünschelrute«, 1857

einmal den Philosophenweg (was dem Schriftsteller Michael Buselmeier zufolge so viel wie »Studentenweg« bedeutet) zu nehmen, der sich von der Brückenstraße auf halber Höhe den sonnigen Südhang entlang Richtung Osten zieht. Zur Zeit der Romantiker war er noch ein Weinbergpfad, erst nach 1817 wurde er befestigt und zur Promenade verbreitert.

Den Ausblick auf den Neckar und das gegenüberliegende Schloss kann man beinahe überall genießen, besonders stimmungsvoll von dem Naturbalkon zwischen dem Philosophengärtchen mit Bänken, Mauern, Brunnen und der Eichendorff-

Anlage. Auf einem roten Sandstein mit seinem Porträtrelief ist Eichendorffs Gedicht »Wünschelrute« zu lesen:

> Schläft ein Lied in allen Dingen,
> Die da träumen fort und fort,
> Und die Welt hebt an zu singen,
> Triffst Du nur das Zauberwort.

Und in einen zweiten Stein sind die Zeilen seines späten Epos »Robert und Guiscard« eingemeißelt:

> In dieses Märchens Bann verzaubert stehen
> Die Wandrer still. – Zieh weiter, wer da kann!
> So hatten sie's in Träumen wohl gesehen,
> Und jeden blickt's wie seine Heimat an,
> Und keinem hat der Zauber noch gelogen,
> Denn Heidelberg wars, wo sie eingezogen.

Schon am Tag seiner Ankunft hat Eichendorff den Heiligenberg bestiegen und ist öfter hier oder am Neckarufer entlang flaniert. Neben den Studien nahm die poetische Geselligkeit einen großen Raum ein: Er lernte Achim von Arnim kennen und schloss sich dem Kreis um den Dichter Otto Heinrich Graf von Loeben an, einem esoterischen »eleusischen« Freundschaftsbund, der noch dem Geist der Empfindsamkeit verhaftet, das ganze Leben »novalisieren« wollte. Man traf sich regelmäßig im »Roten Ochsen« in Rohrbach, wo Eichendorff die Küferstochter Katharina Barbara Förster kennen lernte und sich in sie verliebte. Das Tagebuch verrät wenig mehr über die Beziehung als kurze Notizen: »beym Bierbringen erste Küße« oder »K. umschlungen und sehr lieb«. Aber ihrem Gedächtnis gilt unzweifelhaft »Das zerbrochne Ringlein« – wie überhaupt viele Erlebnisse und Stimmungen des Heidelberger Jahres sich in Eichendorffs Dichtung wiederfinden:

Blick vom Neckar über die alte Brücke zum Heidelberger Schloss. Lithographie, 1841

In einem kühlen Grunde
Da geht ein Mühlenrad,
Mein' Liebste ist verschwunden,
Die dort gewohnet hat. [...]

Kühler Grund heißt heute eine Straße im Stadtteil Rohrbach und eine Tafel erinnert noch an die unglückliche Liebe.

Der Philosophenweg führt uns weiter, vorbei an einer massigen Bismarcksäule, einem Gedenkstein für Liselotte von der Pfalz und am »Merianblick«, wo eine Schautafel mit dem vergrößerten Kupferstich von 1620 einen Vergleich mit dem heutigen Panorama ermöglicht. Danach folgt die Hölderlinanlage und schließlich geht es als Wanderung über die Höhe zum Stift Neuburg.

Friedrich Hölderlin weilte sicherlich nie hier oben. Überhaupt ist nur ein einziger Aufenthalt im Juni 1788 bezeugt – da war er noch Klosterschüler in Maulbronn und schrieb in einem Brief an seine Mutter: »Die Stadt gefiel mir außerordentlich wohl. Die Lage ist so schön, als man sich je eine denken kan. Auf beiden Seiten und am Rüken der Stadt steigen steile waldichte Berge empor, und auf diesen steht das alte ehrwürdige Schloß. [...] Merkwürdig ist auch die neue Brüke daselbst.«

Über den Neckar hinüber

Es ist die 1786 bis 1788 gebaute Karl-Theodor-Brücke, heute meist »Alte Brücke« genannt, die in Hölderlins Gedicht »Heidelberg« erwähnt wird und bei der man herauskommt, wenn man kurz vor der schattigen Hölderlinanlage den pittoresken und seinem Namen alle Ehren machenden Schlangenweg hinuntersteigt.

Die Wissenschaft vermutet einen zweiten Besuch des Dichters in Heidelberg Ende Mai 1795, aber wie für weitere mögliche gibt es dafür keinen schriftlichen Beleg. So bleibt die berühmte Ode – erstmals gedruckt 1800 in *Aglaia. Jahrbuch für Frauenzimmer* – das einzige Zeugnis seiner Erinnerung und ist zugleich alles andere als ein »kunstlos Lied«.

Den ersten Vers des Gedichts haben wir schon auf dem Stein in der Hölderlinanlage gelesen, wo in alter Zeit eine Kapelle als Bet- und Raststation für die Wallfahrer zu den Klöstern auf dem Heiligenberg gestanden haben soll. Nun also ein Andenken im Sinne seines »Was bleibet aber, stiften die Dichter«.

Heidelberg

Lange lieb' ich dich schon, möchte dich, mir zur Lust,
Mutter nennen, und dir schenken ein kunstlos Lied,
Du, der Vaterlandsstädte
Ländlichschönste, so viel ich sah.

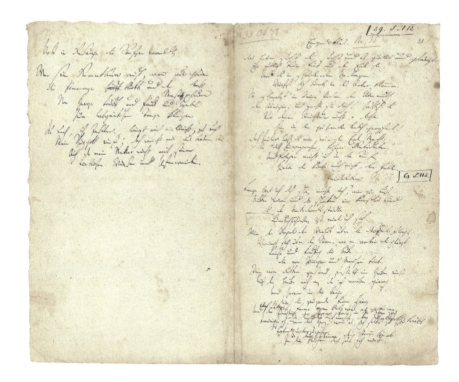

Handschrift der Oden »Der Nekar«, »Empedokles« und »Heidelberg« von Friedrich Hölderlin

Wie der Vogel des Walds über die Gipfel fliegt,
Schwingt sich über den Strom, wo er vorbei dir glänzt,
Leicht und kräftig die Brüke,
Die von Wagen und Menschen tönt.

Wie von Göttern gesandt, fesselt' ein Zauber einst
Auf die Brüke mich an, da ich vorüber gieng,
Und herein in die Berge
Mir die reizende Ferne schien,

Und der Jüngling, der Strom, fort in die Ebne zog,
Traurigfroh, wie das Herz, wenn es, sich selbst zu schön,
Liebend unterzugehen,
In die Fluthen der Zeit sich wirft.

Quellen hattest du ihm, hattest dem Flüchtigen
Kühle Schatten geschenkt, und die Gestade sahn
All' ihm nach, und es bebte
Aus den Wellen ihr lieblich Bild.

Aber schwer in das Thal hieng die gigantische,
Schicksaalskundige Burg nieder bis auf den Grund,
Von den Wettern zerrissen;
Doch die ewige Sonne goß

Ihr verjüngendes Licht über das alternde
Riesenbild, und umher grünte lebendiger
Epheu; freundliche Wälder
Rauschten über die Burg herab.

Sträuche blühten herab, bis wo im heitern Thal,
An den Hügeln gelehnt, oder dem Ufer hold,
Deine fröhlichen Gassen
Unter duftenden Gärten ruhn.

Unter den zahlreichen Heidelberg-Hommagen ist diese Ode zweifellos die beeindruckendste, und man sollte eigentlich nichts daneben stellen, was notwendig ihr gegenüber abfallen muss. Aber während man die Alte Brücke überquert, über die vor dem Eisenbahn-Zeitalter die meisten Besucher die Altstadt betraten, seien wenigstens ein paar Zeilen aus Clemens Brentanos langem »Lied von eines Studenten Ankunft in Heidelberg« zitiert. Brentano zieht, genau datiert auf den 26. Juli 1806, von Jena, dem Zentrum der Frühromantik kommend, hier ein:

[...] Und auf der Brücken, die fest und rein,
Sah ich zwei künstlich Bild' von Stein,
Frau Pallas schaut ernst ins grüne Tal

Mit vier Fakultäten allzumal,
Ich tat sie höflich salutieren
Und meinen Säbel präsentieren,
Steckt ihn doch wieder ein gar schnell
Als ein bescheidener Gesell
Beim zweiten Bild, gleich an dem Tor,
Dem verstorbnen Fürst, Karl Theodor.
Mein Bündel legt ich ab im Hecht,
Der Wirt, der Kellner und Hausknecht
Erquickten mich auf alle Weis'
Mit Wasser, Wein und guter Speis'.
Nach Tisch konnt ich nicht sitzen bleiben,
Wollt mich noch durch die Stadt 'rumtreiben,
Es fiel ein heller Mondenschein
Gar lockend in die Straßen ein; [...]

Gleich rechts am Brückentor fällt der Blick auf zwei Hotels, den großen »Holländer Hof« und den kleinen »Goldenen Hecht«, in welchem nicht nur Brentanos Student, sondern auch Goethe, der Bankier von Willemer mit seiner Frau Marianne, Karoline von Günderrode oder Jean Paul abgestiegen sein sollen. Buselmeiers Recherchen ergaben, dass der »Holländer Hof« bis 1836 »Zum Goldenen Hecht« hieß – was alle Zweifel um die repräsentative Unterbringung vieler fremder Gäste erklärt.

Über die Steinstraße erreicht man die Hauptstraße, die sich als Einkaufsmeile parallel zum Neckar durch die Innenstadt Heidelbergs zieht und in der neben den Auslagen der Geschäfte die historischen Fassaden und Gedenktafeln kaum eine Chance auf Wahrnehmung haben.

So übersieht man leicht die Tafel am Gebäude der Gloria-Lichtspiele mit der Hausnummer 146, wo die Verlagsbuchhandlung Mohr und Zimmer residierte. Als ersten Titel hat sie Anfang September 1805, vordatiert auf 1806, Band eins der Liedersammlung *Des Knaben Wunderhorn* herausgebracht, 1808 die beiden Folgebände verlegt und neben den Werken vieler Romantiker wie der Brüder Schlegel, Ludwig Tieck, Wilhelm Grimm auch die vom 1. April bis Ende August 1808 zweimal wöchentlich erscheinende *Zeitung für Einsiedler* von Arnim, Brentano und Görres gedruckt. Sie sollte dem Cottaschen *Morgenblatt* ähneln, »aber ganz als sei sie aus der Zeit des Mittelalters, oder vielmehr einer imaginairen litterärischen Zeit«. Allerdings konnte das auch satirisch sein wie in »Geschichte und Ursprung des ersten Bärnhäuters« oder polemisch gegen den Homer-Übersetzer und als »Horribiliskribrifax« geschmähten Johann Heinrich Voß, dessen aufklärerisch-protestantischem Impetus die Romantik mit ihrer mittelalterlich-nationalen Ausrichtung missfallen musste. Die Fehde zwischen Arnim und Voß trug neben sachlichen Differenzen aber auch deutliche Züge eines Generationenkonflikts.

In Brentanos Gedicht endet der Abend für den Studenten nicht, wie man vermuten könnte, mit fröhlichem Tanzen und Musizieren, angesichts von Stadt und Burg im Mondschein wird das lyrische Ich vielmehr sentimental und besonders »der gen Abend seinen Lauf nehmende Fluß« lässt es an den heiligen Rhein und ans Vaterland denken:

> […] Und wie ans Vaterland ich dacht',
> Das Herz mir weint', das Herz mir lacht',
> Setzt nieder mich auf einen Stein,
> Als wär' ich auf der Erd allein, […]

Diese widersprüchlichen Gefühle bedürfen der Erklärung. Das Vaterland gab es nicht mehr, der Westen Deutschlands war von Napoleon okkupiert, das Heilige Römische Reich Deutscher Nation war zusammengebrochen – für einen national gesinnten jungen Mann also Grund genug zum Weinen. Andererseits war das

Porträtskizzen mit Joseph Görres (links) und Clemens Brentano (rechts)

auch noch als Ruine so imposante Schloss – vor bald einem Jahrhundert von den Franzosen zerstört – Inbegriff einer großen deutschen Geschichte und die ließ sich wiederentdecken. Nicht zufällig hatte Georg Friedrich Creuzer, der über Symbolik und Mythologien alter Völker forschte, Brentano nach Heidelberg gelockt, indem er ihm versprach, dass »diese Stadt ein Ort für Männer sei, die das alte große Teutschland in ihrem Herzen tragen« und »die den alten Romantischen Gesang in seiner Tiefe aufzufassen und auf eine würdige Weise wieder zu beleben vermögen«.

Die Liedersammlung

In der Hauptstraße schräg gegenüber im Haus Nummer 151 lebte seit Anfang des Jahres 1808 Achim von Arnim, Ende April zog Clemens Brentano bei ihm ein, und gemeinsam überwachten sie den Druck der Bände zwei und drei von *Des Knaben Wunderhorn* und fügten immer noch neue Lieder und Gedichte ein. Brentanos erstes Konzept ging von nur »Hundert Liedern« aus, »die den gewöhnlichen Bedingungen des jetzigen Volkslieds entsprechen« und »sehr zwischen dem Romantischen und Alltäglichen schweben, es muß geistliche, Handwerks-, Tagewerks-, Tagezeits-, Jahrzeits- und Scherzlieder ohne Zote enthalten«. Dazu kamen durchaus zotige Liebeslieder und grausame Kolportagen, Lieder von Jägern und Soldaten und Kinderlieder. Man findet darin neben einer Menge Undinen und Wasserfrauen mehr widerspenstige, kratzbürstige Weibspersonen als züchtige Mägdelein. Daraus einen Rückschluss auf das Frauenbild der Heidelberger Romantiker zu ziehen, wäre freilich leichtsinnig.

Das Gedicht »Das Wunderhorn«, das der Sammlung den Titel gibt, ist überraschenderweise kein altes deutsches Lied, sondern eine altfranzösische Romanze, die über den Umweg einer englischen Fassung Eingang in den Band fand. Natürlich sind in *Des Knaben Wunderhorn* Texte aus dem überlieferten Volksgut enthalten, aber genauso wurden Fundstücke aus Anthologien und Almanachen, sogar Dichtungen bekannter Schriftsteller (Martin Luther, Friedrich von Spee) übernommen, umgeschrieben und anonymisiert oder manches Mal fiktive Quellen angegeben. Dieser freie Umgang mit dem, was – wie es in der Ankündigung hieß – »von uns aus dem Munde des Volks, aus Büchern und Handschriften gesammelt, geordnet und ergänzt« war, dokumentiert also mehr die Begeisterung und das poetische Einfühlungsvermögen der Herausgeber als ihre philologische Zuverlässigkeit.

Natürlich rief dies herbe Kritik auf den Plan: Friedrich Schlegel meinte, *Des Knaben Wunderhorn* enthalte »eine große Menge Schund und Kropzeug«. Johann Heinrich Voß schrieb im *Morgenblatt* von »heillosem Mischmasch von allerlei buzigen, truzigen, schmuzigen und nichtsnuzigen Gassenhauern, samt einigen

Des Knaben Wunderhorn, Band 1 und 2, Titelblätter der Erstausgaben

abgestandenen Kirchenhauern«. Andere spotteten, dass Arnim kühn modernisiere, Brentano hingegen sich in virtuoser Archaisierung gefalle.

Dennoch hat keine andere Liedersammlung eine derartige Verbreitung erlebt. Bis heute werden Stücke daraus vertont, übernommen, zitiert – und ihr 200-Jahr-Jubiläum bildete den Anlass für einen landesweiten Literatursommer »Im Spiegel der Romantik«. Vergleichbar ist diese immense Wirkung höchstens noch mit der der Grimmschen *Kinder- und Hausmärchen.*

Höchst geschickt hatten die Herausgeber den ersten Band mit einer Zueignung an »Sr. Excellenz des Herrn Geheimerath von Göthe« versehen und der revanchierte sich mit einer ausführlichen und positiven Besprechung in der *Jenaischen Allgemeinen Literatur-Zeitung* im Januar 1806, in der es heißt:

»Von Rechts wegen sollte dieses Büchlein in jedem Hause, wo frische Menschen wohnen, am Fenster, unterm Spiegel, oder wo sonst Gesang- und Kochbücher zu liegen pflegen, zu finden sein, um aufgeschlagen zu werden in jedem Augenblick der Stimmung oder Unstimmung, wo man denn immer etwas Gleichtönendes oder Anregendes fände, wenn man auch allenfalls das Blatt ein paarmal umschlagen müßte. Am besten aber läge doch dieser Band auf dem Klavier des Liebhabers oder Meisters der Tonkunst, um den darin enthaltenen Liedern entweder mit bekannten hergebrachten Melodien ganz ihr Recht widerfahren zu lassen oder ihnen schickliche Weisen anzuschmiegen oder, wenn Gott wollte, neue bedeutende Melodien durch sie hervorzulocken.«

Des Knaben Wunderhorn. Band 3. Titelblatt der Erstausgabe

Und selbst Heinrich Heine lobte in seiner *Romantischen Schule* (von 1835): »Dieses Buch kann ich nicht genug rühmen; es enthält die holdseligsten Blüthen des deutschen Geistes und wer das deutsche Volk von einer liebenswürdigen Seite kennenlernen will, der lese diese Volkslieder.«

Das ist eine erstaunliche Bemerkung von jemandem, der seit 1830 im Pariser Exil lebte und dem eigentlich wenig am Lobpreis deutscher Liebenswürdigkeit liegen sollte – schließlich waren seine Schriften hierzulande verboten. Aber es war wohl der Duft der deutschen Linden, den er – manchmal doch recht sentimental – darin fand.

Als Clemens Brentano Heidelberg Ende August 1808 mit den Worten »ich habe keine Hoffnung, denn ich weiß, daß meine Lage bodenlos ist« endgültig verließ und Achim von Arnim ihm Mitte November in Richtung seiner Berliner Heimat folgte (wo er dann 1811 Clemens' Schwester Bettine heiratete), kommentierte Creuzer: »Arnim ist auch weg und was poetische Ader hatte, hat das kalte Neckarloch verlassen.«

Kann man sagen, dass damit die Heidelberger Romantik beendet war? Immerhin hatten die beiden Herausgeber ihr *Wunderhorn*-Projekt erfolgreich abgeschlossen und in Heidelberg hielt sie eigentlich nichts mehr, ohnehin waren beide während der vier Jahre oft auf Reisen gewesen. Da jeder Aufenthalt eine neue Wohnung zur Folge hatte, kann man ein paar, aber längst nicht alle Stationen angeben, zumal das Gartenhäuschen am Neckarstaden und das Haus am Universitätsplatz, damals Paradeplatz, nicht mehr existieren.

Frauenschicksal

Keine Rede war bisher von Sophie Mereau, Schriftstellerin und Ehefrau Brentanos. Ihr Name taucht in der einschlägigen Literatur nur mit denkbar knappen Hinweisen auf: Sie sei ein Zentrum der Jenaer Gesellschaft gewesen, die erste Berufsschriftstellerin, von Schiller in der *Thalia* und den *Horen* gedruckt und tragisch im Kindbett verblutet. Ein bisschen mehr Beachtung hätte sie durchaus verdient.

Sophie Mereau, Federzeichnung

»Es ist wahr, ein Gefühl ist in mir, ein einziges, welches nicht Dein gehört. Es ist das Gefühl der Freiheit. Was es ist, weiß ich nicht, es ist mir angeboren.« Dies schrieb sie an ihren späteren Mann, den »göttlichen, unmenschlichen« Clemens, mit dem sie ein dreijähriges Eheleben »zwischen Himmel und Hölle« führte.

Die »stürmische Sehnsucht in ferne Gegenden« und »wilde Phantasien« sind zwar typisch romantische Bekenntnisse, aber sie in den

Briefen und Romanen einer jungen Frau zu finden, ist eher ungewöhnlich. Die Diskrepanz zwischen den eingeschränkten weiblichen Lebenszusammenhängen und ihren Freiheitswünschen sah Sophie Mereau deutlich, das Schreiben war für sie ein Ventil. Sie kam im September 1804 kurz nach Clemens Brentano nach Heidelberg, in das südliche Athen, wie sie es nannte. Neben drei Schwangerschaften – die Kinder starben kurz nach der Geburt – und den Widrigkeiten des Ehealltags verfasste sie den Roman *Sappho und Phaon oder Der Sturz der Leukate* und übersetzte spanische und italienische Novellen wie Boccaccios *Fiametta*.

Über ihr Ende hat Brentano einen anrührenden Brief an Arnim geschrieben: »Sophie, die mehr zu leben verdiente als ich, die die Sonne liebte und Gott, ist schon lange tot, Blumen und Gras wachsen über ihr und dem Kind, welches getötet durch sie, sie tötete, Blumen und Gras sind sehr traurig. [...] Sie war froh und gesund den 30. Oktober 1806, wir waren auf dem Schloß, sie sah in die Sonne mit den Worten: ›Ich will dir einen Jungen gebären wie die Sonne so feurig, er soll uns so lieb werden wie Arnim, wenn er im Kriege untergeht‹; aber die Sonne ging unter, hinten im Schloßgarten wurden gerade die schönen Linden durch Gatterer abgehauen, ach wenn nur die eine nicht umfällt, die wir aus unserem Fenster sehn; sie eilte hin, sie bat, aber der Baum war schon entwurzelt, die Stricke zogen, er schlug vor ihren Füßen nieder.«

Am nächsten Tag verblutete Sophie Mereau bei der Entbindung eines Mädchens, und hatte vorher noch ein Gedicht geschrieben, das mit den Zeilen abbricht:

[...] Sag, o heilige Linde, wer durfte es wagen,
legen das mordende Beil an den geheiligten Stamm
das dein ehrwürd'ges Haupt dein grünes vollendetes Leben

Unter diesen traurigen Gedanken sind wir zum Schloss hinaufgestiegen, dieser »größten und schönsten Ruine Deutschlands«,

Rechte Seite:
Heidelberg von Osten mit Blick auf Schloss und Stadt, Lithographie von François Stroobant, 1854

wie Eichendorff formulierte, der dem Tagebuch – wie hier am 18. Mai 1807 – immer wieder sein Entzücken über diesen Ort anvertraute: »Nachmittags schwärmte ich oben in dem paradiesischen Hofgarten herum, wo sich eine Terrasse über der anderen erhebt, voll Alleen und Brunnen, Klüften […] und durchkroch alle Treppen und Winkel der alten herrlichen Burg. Eine Brücke über ein blühendes Tal führt durch ein antikes Tor in einen weiten gepflasterten Hof. Zwei Hauptgebäude, eines von Friedrich, eines von Otto Heinrich, voll alter Statuen. Herrliche Altane, von wo man die ganze Stadt übersieht. Alter Turm, dessen eine Hälfte abgerissen und gesunken, so daß man in alle Gewölbe sieht. Herrlich, himmlisch.«

Die Begeisterung über die pittoreske Schlossromantik teilen alle Dichter nicht nur jener Zeit; Ludwig Uhland, Justinus Kerner, Nikolaus Lenau, Zacharias Werner, August von Platen und viele andere haben sie in Reime gefasst. Ausgerechnet einem französischen Exilanten, Charles de Graimberg, ist es aber zu verdanken, dass die malerische Ruine erhalten blieb. Sie war nach der ersten Zerstörung durch französische Truppen im Pfälzischen Erbfolgekrieg 1689 und 1693 in ihrer heutigen Gestalt 1764 »entstanden«, als ein Blitz das Gebäude in Brand setzte. De Graimberg sorgte auch für eine große Verbreitung des Bildmotivs in eigenen Zeichnungen und machte die touristische Vermarktung zu seinem Lebenswerk.

Liebesgeschichten

Heute wünscht man sich gelegentlich, dass diese gewaltige Anlage eine nicht gar so große Attraktivität besäße und nicht jeder Tourist den Schlossbesuch als Pflichtprogramm absolvierte. Traute Begegnungen wie die zwischen Goethe und Marianne von Willemer in den Septembertagen des Jahres 1815 auf dem Altan und im Stückgarten kann man sich jedenfalls kaum mehr vorstel-

Johann Wolfgang von Goethe, Ölgemälde von Karl Joseph Raabe, Ende 1814

Rechte Seite: Altan und Glockenturm des Heidelberger Schlosses, Lithographie von Laurent Deroy, 1844

len, aber angeblich wurden sie bei ihrem letzten Spaziergang »durch einen lärmend heranziehenden Doppelschwarm von Studenten und von russischen Soldaten gestört [...]«
Der Weimarer Dichter kam immer wieder an den Neckar, zwei Mal auf Einladung des Kunstsammlers Sulpiz Boisserée, in dessen Stadtpalais am Karlsplatz Goethe auch dessen Schatz an sakraler deutscher und niederländischer Malerei besichtigte. (Heute befindet sich in dem Gebäude das Germanistische Seminar der Universität und seit neuestem ein Museum zur Heidelberger Literaturgeschichte.)
Goethes Interesse für die Kunst trat in den Hintergrund, als am 23. September Marianne von Willemer zu einem überraschenden Besuch in Heidelberg eintraf, denn die junge Frau hatte ihn schon bei einem ersten Treffen im Jahr zuvor bezaubert und anlässlich seines mehrwöchigen Sommeraufenthalts in der Gerbermühle bei Frankfurt war die Beziehung inniger geworden. Davon und von ihrer dichterischen Begabung erfuhr die Welt erst viel später, als sie Jahrzehnte nach Goethes Tod ihre Autorschaft an den schönsten Liedern aus dem »Buch Suleika« im *West-Östlichen Divan* offenbarte. Zu seinem 75. Geburtstag am 28. August 1824 sandte sie ihm ihr Gedicht »Zu Heidelberg«, dessen letzte Strophe lautet:

[...] Schließt euch um mich ihr unsichtbaren Schranken;
Im Zauberkreis, der magisch mich umgibt,
Versenkt euch willig Sinne und Gedanken;
Hier war ich glücklich, liebend und geliebt!

Georg Friedrich Creuzer, Pastell, um 1840

Und in ihrem Begleitbrief schreibt sie: »Gedenken Sie meiner, und in Liebe; daß ich ihrer gedenke, möge Nachstehendes beweisen, so wie, daß die schönste Gegend immer eine fremde bleibt, wenn nicht durch Liebe und Freundschaft sie heimisch geworden, wo fände sich für mich eine schönere als Heidelberg!«

Noch Jahrzehnte danach kam Marianne von Willemer regelmäßig an den Neckar und war im Stift Neuburg zu Gast, das seit 1825 Goethes Schwiegerneffen Johann Friedrich Heinrich Schlosser gehörte. Zu diesem drei Kilometer östlich gelegenen ehemaligen Benediktinerkloster, in dem inzwischen wieder Mönche leben, lohnt sich ein Ausflug. Hier lernten sich am 5. August 1804 Karoline von Günderrode – die im April desselben Jahres ihr erstes Buch *Gedichte und Phantasien* unter dem männlichen Pseudonym Tian veröffentlicht hatte – und Georg Friedrich Creuzer kennen. Einer seiner Professorenkollegen schildert diese Begegnung: »Wir gedachten, am Abend einen Spaziergang mit Brentano, Daub, Creuzer, Loos zu machen und dann im Hausacker unter den dichten Bäumen ein frugales Symposium zu halten. Aber es kam etwas dazwischen, das auch nicht übel war. Die Dichterin Günderrode, welche eine Familie in die Neckargegenden begleitete, war gestern morgen hier angekommen. [...] in einer großen Gesellschaft gingen wir nach dem Stifte, lagerten uns hinter demselben in dem Wäldchen, welches man passirt, wenn man nach dem Fürstenweiher gehet, und ließen uns durch Brentanos Gesang und Zitherspiel ergetzen. Fräulein Günderrode ist durch Anspruchslosigkeit und Einfachheit liebenswerth. Nach Brentanos Versicherung ist sie eine tiefe Denkerin und liest viel. Aber aus ihrem Umgange war dieses nicht abzunehmen, so wenig legte sie ihren Kram aus und zierte sich doch auch nicht. Was ihre Gestalt anlangt, so ist sie groß, wohlgewachsen, nicht gerade schön, aber auch nicht häßlich. Als Brentano ihr das Lesen des Schelling verwies, sagte sie, sie müsse Ideen haben. Die hiesige Gegend gefiel ihr sehr. Wir hatten uns beim Hausacker übersetzen lassen und gingen über den Berg und das Schloß zurück.«

Es folgte eine Liebesgeschichte zwischen Georg Friedrich Creuzer und der Günderrode mit allen erdenklichen Elementen von Verrat, Intrigen, heimlichen Treffen, Entsagung, Kränkun-

Stift Neuburg und das Neckartal. Gemälde von Ernst Fries, 1833

Karoline von Günderrode, um 1800

gen, Wiedererglühen der Leidenschaft, Bemühen um Freundschaft und gemeinsames Arbeiten, Eheversprechen von seiner und deren Ablehnung von ihrer Seite, Pläne zur gemeinsamen Flucht und so weiter. Schließlich wurde Creuzer krank und ließ einen Abschiedsbrief schreiben, der Karoline von Günderrode in Winkel am Rhein erreichte – und den letzten Anstoß zu ihrem Selbstmord gab: Sie erdolchte sich am 26. Juli 1806 mit einer Waffe, die sie schon eine Weile bei sich geführt hatte.

Doch der Kreis schließt sich unerwartet: In Stift Neuburg wurde Ende des 19. Jahrhunderts ein einziges Exemplar ihres Buches *Melete* gefunden, teils aus Druckbogen, teils aus Manuskriptseiten bestehend. Creuzer hatte das Werk nach ihrem Tod vernichten lassen – das war seine erbärmliche Antwort auf das Angebot der Geliebten, ihn in ihren Gedichten unsterblich zu machen. In der »Zueignung« heißt es:

> [...] Von Dir, ich weiß es, wird der Sinn empfunden,
> Der in des Blüthenkelchs Verschwiegenheit
> Nur sichtbar wird dem Auge, das geweiht
> Im Farbenspiel den stillen Geist gefunden. [...]

»Zu Weinsberg, der gepries'nen Stadt,
Die von dem Wein den Namen hat,
Wo Lieder klingen, schön und neu,
Und wo die Burg heißt Weibertreu«

Weinsberg und Justinus Kerner

Uralt und sagenhaft, doch historisch verbürgt, in der um 1175 entstandenen Kölner Königschronik aufgezeichnet, ist die Geschichte von der Weibertreu und dem festen Königswort. In ihr wird erzählt, wie der staufische König Konrad im Jahr 1140 bei der Übergabe der von ihm belagerten Burg Weinsberg den Frauen das Recht zusicherte, »dass eine jede auf ihren Schultern mitnehmen dürfe, was sie tragen könne.« Und wie dann »eine jegliche ihren Mann« hinaustrug, das Gefolge des Königs aber dies »als listigen Anschlag« nicht dulden wollte, worauf dieser rief: »Ein königliches Wort, das einmal gesprochen und zugesagt ist, soll unverwandelt bleiben.«

Justinus Kerner, Zeichnung von Carl Müller, 1834

Als Wandersage eroberte die »Frauentreue« in der Folgezeit noch manch andere Burg. Ihr Ursprungsort verwischte sich, bis 1774 ein volkstümliches Gedicht von Gottfried August Bürger, »Wer sagt mir an, wo Weinsberg liegt?«, die feste Anbindung an ihre Heimat, an den Ort des Geschehens wieder herstellte.

Für die weitere Verbreitung der romantischen Geschichte und für die feste, dauerhafte Verankerung der Weinsberger Geschehnisse im Gedächtnis der Nachwelt sorgte vor allem Justinus Kerner, der am 19. Januar 1819 in Weinsberg einzog. Nach einem 1809 abgeschlossenen Medizinstudium in Tübingen und mehreren Stationen ärztlicher Karriere – zunächst in Dürrmenz und Wildbad, dann in Welzheim und in Gaildorf – war er zum neuen Oberamtsarzt in der damals etwa 1800 Einwohner zählenden Stadt bestellt worden.

Die Rettung einer Ruine

Schon bald setzte er sich für die Rettung der über der Stadt liegenden Burgruine, der »Weibertreu«, ein, die sich in einem desolaten Zustand befand. Im Bauernkrieg war die aus dem 11. Jahrhundert stammende Burg, die man später mit gewaltigen Ringmauern verstärkt hatte, zerstört worden und lag seitdem schutzlos dem Verfall preisgegeben, Wind, Wetter und Menschen ausgesetzt. Wiederholt war sie als Steinbruch genutzt worden. Nach dem verheerenden Stadtbrand von 1707, dem 125 Häuser zum Opfer gefallen waren, wurden ihre Steine zum Wiederaufbau der Stadt freigegeben. Nachdem nun auch noch Weinberge innerhalb der Mauern angelegt worden waren, drohte der Schauplatz von der Weibertreu vollends zu verfallen und abzugehen.

Wohl die gelungene und viel beachtete Rettung des Heidelberger Schlosses vor Augen und die Ritterromantik poetisch verklärt im Herzen, rief Kerner am 8. Dezember 1823 den »Frauen-Verein zu Weinsberg« mit 142 Weinsbergerinnen als Gründungsmitgliedern ins Leben. Dieser setzte sich die Rettung der Burgruine zum Ziel. Kerner selbst wurde erster Vorsitzender des Vereins.

Das für die Restaurierungsarbeiten notwendige Geld sammelte man über Spendenaufrufe, die »jeder Geberin einen niedlich gearbeiteten Ring, in den ein Steinchen von der Burg-Ruine gefasst ist«, versprachen. Gezielt warb man bei hoch gestellten Per-

Die »Weibertreu« vor der Zerstörung, Zeichnung von Hans Baldung Grien, 1515

sönlichkeiten. Schnell gelang es, viele zu begeistern. Man gewann Freunde, Freundinnen und Gönner. König Wilhelm von Württemberg schenkte 1824 dem Verein die Burg, Königin Pauline gab Geld und übernahm das Protektorat.

Nun wurde gegraben, Schutt beseitigt, Mauern wurden freigelegt und befestigt, Türme begehbar gemacht, das eine oder andere auch wieder aufgebaut. Ganz im Geist der Romantik entstand eine Ruinenlandschaft, die sich an Überkommenem orientierte, aber auch schwärmerische Gedanken umsetzte und die Burg mit romantisch-biedermeierlicher Zutat verzierte. So auch mit dem »dicken Turm«, für dessen vier breite Schießscharten Kerner selbst Äolsharfen stiftete: »In des Turms zerfallner Mauer / Tönet bei der Lüfte Gleiten / Mit bald halb zerrißnen Saiten / Eine Harfe noch voll Trauer.«

Das Kernerhaus, Hort der Gastfreundschaft

Mehr aber noch als die Rettung der Burg machte das Kernerhaus Weinsberg zur Kernerstadt bis heute. Der Bauplatz war dem Oberamtsarzt schon bald nach seiner Ankunft von der Gemein-

Justinus Kerners Wohnhaus in Weinsberg mit der »Weibertreu« im Hintergrund, um 1840

de geschenkt worden, damit sich »die Stadt noch sehr lange seiner Thätigkeit und Zuneigung gegenüber der Bürgerschaft in ihrer Mitte« erfreuen könne. Im November 1822 wurde es von der Familie bezogen, das dritte Kind war gerade geboren.

Von nun an war das Haus »in der Mitte von Gärten, von Bäumen, Weinreben und Blumen umgeben«, vierzig Jahre lang bis zu Kerners Tod am 21. Februar 1862 eine Stätte fast unglaublicher Gastlichkeit. Es war Anziehungspunkt für Menschen aus aller Welt, geöffnet für Besucher eines jeden Standes, für Freunde und Fremde, Schöngeister, Somnambule und Besessene, Theologen, Poeten, Politiker, Mediziner und Patienten. »Das Haus ist klein, aber anmutig und bequem, und in Verbindung mit dem wohnlich eingerichteten Gartenhaus gegenüber bietet es hinlänglich Raum, um der Gastfreundschaft der trefflichen Familie genug zu tun. Eine schönere und zartere Gastlichkeit ist nicht leicht in einem Hause zu treffen«, schreibt David Friedrich Strauß 1838.

Um die große Gästeschar aufzunehmen, wurde das Haus immer wieder vergrößert. 1827 wurde zur Gartenseite hin das »Schweizerhaus« angebaut, dessen Schlafraum im Dachgeschoss, seiner Form wegen, den Namen »Sargzimmer« erhielt. Wiederholt gelang es Kerner, das Anwesen durch den Erwerb benachbarter Grundstücke zu erweitern. So kaufte er 1824 einen Turm der alten Stadtbefestigung, dessen gewölbten Hauptraum er zum Gästezimmer umbaute. Das alte spitze Dach wurde entfernt und durch eine Plattform mit Zinnen und einem hölzernen Zeltdach ersetzt. Hier hielt er sich sommers gerne mit Gästen auf und genoss die »schönste Aussicht«, »rückwärts auf die Weibertreu und die Stadt, vorwärts in das Weinsberger Tal und die Löwensteiner Berge«. Als »Geisterturm« wurde er bekannt, weil Kerner darin – wie Gustav Schwab bemerkt – »als Chemiker laboriert, als Sänger dichtet und als Exorcist Geister beschwört«. Jenseits der Straße kam dann noch ein Grundstück hinzu mit dem nach dem Dichter Graf Alexander von Württemberg benannten »Alexanderhäuschen«.

Berühmt wurde das Haus als Treffpunkt und »Wallfahrtsort der Dichter und aller Freunde der Dichtkunst«. Alt vertraut aus der Studienzeit waren dem Hausherrn Ludwig Uhland, Pate bei allen drei Kindern, und Karl Mayer, der dichtende Oberamtsrichter. Zum engen Kreis zählten Gustav Schwab und Eduard Mörike, David Friedrich Strauß, August Varnhagen von Ense und der schon genannte Graf Alexander. Ein gern gesehener Gast war Nikolaus Lenau, der, von Kerner ärztlich betreut, wochenlang im Turmzimmer wohnte und dort 1834 seinen *Faust* vollendete. Während die »festliche Genialität der Geselligkeit« eher auf Justinus Kerner zurückging, entsprang die »Harmonie dieser nahezu unbeschränkten Gastlichkeit« der unermüdlich tätigen, geduldigen und einfallsreichen Friederike Kerner, geborene Ehmann, dem »Rickele«, dem »guten Geist«, seit 1813 mit Justinus verheiratet. Ihr früher Tod 1854 wird so auch zu einer Zäsur. In

»Die Schwäbische Dichterschule« in Weinsberg: Theobald Kerner, Nikolaus Lenau, Gustav Schwab, Graf Alexander von Württemberg, Karl Mayer, Justinus Kerner, Friederike Kerner, Ludwig Uhland, Karl August Varnhagen von Ense

seinen letzten Jahren wurde es ruhig im Kernerhaus und einsam um Justinus Kerner. Ein Trost und eine Erheiterung, »Sonne und Licht in schweren Tagen« waren ihm die Briefe von Ottilie Wildermuth, die seit 1853 eine rege Korrespondenz mit ihm führte.

An die 300 Besuchernamen nennt das 1894 erstmals erschienene Erinnerungsbuch *Das Kernerhaus und seine Gäste*, in dem Theobald Kerner von den Besuchern seines Vaters erzählt, unter anderem von Berthold Auerbach, Wilhelm Ganzhorn (»Im schönsten Wiesengrunde«), Albert Knapp, Hermann Kurz, Gustav Pfizer, Friedrich List, Friedrich de la Motte-Fouqué, Ludwig Tieck, Achim von Arnim, Emanuel Geibel, Friedrich Rückert, Ferdinand Freiligrath. In einer 1853 abbrechenden »Fremdenliste« von Kerners Hand findet man über 600 Personen aufgezählt, solche nicht mitgerechnet, die namenlos bleiben, wie »fünf Studenten« oder »ein Professor aus Erlangen«.

40 Weinsberg und Justinus Kerner

Der Literat

Neben dieser Gastlichkeit und seinem recht aufwendigen Beruf fand Kerner immer auch noch Zeit, sich literarisch zu betätigen. Nicht selten gingen Beruf und Schriftstellerei Hand in Hand. So handelt sein erstes bei Cotta 1822 erschienenes Werk, das – wie die moderne Medizin inzwischen weiß – eindrucksvoll Kerners medizinische Kenntnisse und ein solides wissenschaftliches Vorgehen belegt, vom *Fettgift in verdorbenen Würsten*. Vor allem aber haben es ihm der Magnetismus und der Somnambulismus angetan. Immer stärker wird, beflügelt durch den Umgang mit einigen seiner Patienten, sein Interesse am Magischen und Mystischen, an Übersinnlich-Spukhaftem, an den »Nachtseiten der Natur«.

Seine 1829 erschienene Studie über *Die Seherin von Prevorst. Eröffnungen über das innere Leben des Menschen und über das Hereinragen einer Geisterwelt in die unsere* erlebte bis 1846 vier deutsch- und mehrere englischsprachige Auflagen.

Dem gleichen Themenfeld zugehörig ist die von Kerner ab 1840 herausgegebe-

Familie Kerner auf einer Daguerreotypie

ne Zeitschrift *Magikon. Archiv für Beobachtungen aus dem Gebiete der Geisterkunde und des magnetischen und magischen Lebens nebst anderen Zutaten für Freunde des Innern*, die es bis 1853 auf fünf Bände brachte. So mag man auch Heines Ausspruch »Doktor Justinus Kerner« sei doch der, »welcher Geister und vergiftete Blutwürste sieht«, verstehen, doch wird er Kerner nicht gerecht, bleibt einseitig und polemisch. Wohl richtig ist die Feststellung, Kerner sei »weniger ein Poet« als vielmehr »eine Verkörperung der Poesie« gewesen.

In der Weinsberger Zeit publizierte Kerner mehrere Gedichtbände und Gesamtausgaben. 1826 legte er erstmals eine Sammlung seiner bis dahin verstreut herausgegebenen Gedichte vor; sein letzter Gedichtband *Winterblüthen* erschien 1859. Doch haben seine Gedichte nun nicht mehr die Kraft, die sichere Bildhaftigkeit der Tübinger Studentenzeit und der Jugend, vielfach sind sie eher nach einem romantischen Klischee gestrickt. Trotzdem ist es das eine oder andere wert, wiederentdeckt zu werden. Bemerkenswert sind seine Gelegenheitsgedichte, die sich nicht an den zeittypischen, inzwischen schon abgenutzten Worten, Bildern, Reimen und Gedanken orientieren, sowie seine politischen Gedichte, aus denen das vom »reichsten Fürst«, am 25. Mai 1818 im *Morgenblatt für gebildete Stände* erstmals veröffentlicht, herausragt. Dieser schon von Philipp Melanchthon überlieferten Geschichte von den Fürsten, die 1495 »preisend mit viel schönen Reden ihrer Länder Wert und Zahl« zu Worms im Kaisersaal zusammensaßen, hat Justinus Kerner in anschaulicher Bildsprache ihre »klassische« lyrische Form gegeben. Als eine »literarische Ikone schwäbischer Untertanentreue« ist das vertonte Gedicht zu so etwas wie einer schwäbischen Nationalhymne geworden. Klar gegliedert und in kraftvollem Rhythmus erzählt Justinus Kerner vom Wettstreit der Fürsten, wer das schönste, reichste, fruchtbarste Land besitze, und wie diese schließlich dem württembergischen Herzog Eberhard im Bart

Enthüllung des Kerner-Denkmals in Weinsberg am 18. Oktober 1865

den ersten Rang zusprachen, weil er ein »Kleinod« vorweisen konnte: »Daß in Wäldern noch so groß / Ich mein Haupt kann kühnlich legen / Jedem Untertan in Schoß.«

Von großem erzählerischem Reiz und noch immer lesenswert sind Kerners 1849 erstmals veröffentlichte Erinnerungen *Das Bilderbuch aus meiner Knabenzeit*. Ähnliches gilt für *Die Reiseschatten*, die mehrere Neuauflagen erfuhren. Bei der Würdigung von Kerners literarischer Leistung darf man auch sein Werben um eine (erste) Sammlung von Hölderlins Gedichten Anfang der Zwanzigerjahre nicht vergessen. Schon am 10. Mai 1820 schreibt er an Karl Mayer: »Es ist wahrlich sündlich, diesen, besonders als Elegiker in Württemberg einzigen Dichter, – so in Vergessenheit kommen und unter den Hobelspänen des Tübingschen Schreiners vergraben zu lassen.«

Kerners Haus in Weinsberg ist noch immer, so wie er es gewollt hat, sein Haus. »Ich will darin wohnen bleiben«, mahnte er seinen Sohn Theobald und verpflichtete ihn: »Die Fremden, die es besuchen, sollst Du in meinem Namen empfangen und sie sollen sich heimisch darin fühlen und Du sollst ihnen von mir

Friederike Kerner, Kreide-Tusch-Zeichnung von Alexander Bruckner

erzählen.« Ja, man kann in diesem Haus Justinus Kerner begegnen. Hier werden sein Leben und sein Wirken anschaulich vermittelt, anders und besser als dies die errichteten Denkmale tun können.

Daneben sollte der Besucher nicht versäumen, zur Burg Weibertreu hochzugehen, den weiten Blick ins Land zu genießen, dort mit Justinus Kerner und seinen Freunden Zwiesprache zu halten oder im steinernen Buch zu »blättern«, das bis heute festhält, wie sich Kerner »in sein kleines Weinsberg ein großes Leben versammelt« hat. Und natürlich gehört zur literarischen Spurensuche auch ein Gang auf den Friedhof zum Grab, wo man lesen kann: »Friederike Kerner † 1854 und ihr Justinus † 1862«, und wo man sich an beide erinnern darf, zum Beispiel mit Versen, die Justinus 1841 seinem »Rickele« gewidmet hat:

An Sie im Alter

[...] Würdest sterben du vor mir,
Würd' dein Tod den Tod mir geben,
Denn wie könnt' ich, ach! Noch hier
Mit zerteiltem Herzen leben?

Wäre wie der alte Baum,
Den der wilde Sturm gespalten
Bis zur Wurzel, daß er kaum
Kann sich überm Abgrund halten. [...]

*»Auf dem Kirchenthurm ein guter Hahn,
Als ein Zierrath und Wetterfahn«*

Cleversulzbach und Eduard Mörike

Nirgendwo hat es Eduard Mörike so lange ausgehalten wie in Cleversulzbach, seiner ersten und zugleich letzten Pfarrstelle. Dreißigjährig hat er nach einer langen »Knechtschaft« als Vikar endlich das ersehnte Berufsziel erreicht. Mit seiner 63-jährigen Mutter und der 18-jährigen Schwester Klara zog er am 30. Juli 1834 in dem kleinen knapp 700 Einwohner zählenden Dörfchen ein. Nun also hatte er eine Pfarrei, war selbständig, verfügte über ein großes Pfarrhaus, einen schönen Garten und eine überschaubare Gemeinde. Beinahe ein Jahrzehnt seines Lebens verbrachte er dort.

Viele der uns von ihm überlieferten Zeugnisse der Zeit beschreiben eine Idylle. »Ich sitze viel im Garten unter dem grünen Schirm«, heißt es in einem Brief vom 26. Juni 1838 an Hermann Kurz, »ein Buch vor mir, in das ich zwei Minuten hineinsehe, um alsbald wieder in meine eigenen Grillen zu verfallen. Oder ich stecke mich in einen hohen Zucker-Schefen-Wald und belausche ein Kindergespräch am Gartenhag, wobei einem das Herz vor Freuden lacht. Gestern Abend sangen 2 Mädchen: Regen-Regentropfen, / Buben muß man klopfen, / D'Maidlin muß man schonen / Wie die Ziteronen. Dabei donnerte es von fern, die Rosen dufteten und durch den Hag schimmerten die blechernen Zierrathen der Kirchhofkreuze hell herüber.« In der Gartenlaube, die er grüne Pfarrkutsche nennt, oder auf einem der Gartenwege auf- und abgehend, fliegen ihm zahlreiche Gedichte, Lieder im Volkston zu. Von hier aus ging es durch die »musikalische Gartentür«, Ausgangspunkt vieler Spaziergänge Mörikes, hinaus aufs offene Feld, von wo er Anregungen für Gedichte mit

Das Pfarrhaus und die Kirche in Cleversulzbach, von Mörike kolorierte Lithographie

heimbrachte. Die Gartentür selbst ist in »Ach nur einmal noch im Leben!«, einem seiner schönsten Erzählgedichte, verewigt:

[...] In meinem Garten aber (hieß' er nur noch mein!)
Ging so ein Hinterpförtchen frei ins Feld hinaus,
Abseits vom Dorf. Wie manches liebe Mal stieß ich
Den Riegel auf an der geschwärzten Gattertür
Und bog das überhängende Gesträuch zurück,
Indem sie sich auf rost'gen Angeln schwer gedreht! [...]

Die Turmhahn-Idylle ...

Zum Bild der Idylle beigetragen hat vor allem eines seiner bekanntesten und populärsten Gedichte, nämlich die Verserzählung vom alten Turmhahn, die ihre Vollendung allerdings erst in den Bad Mergentheimer Jahren aus »verklärender Erinnerung« erfahren hat. Aus der Perspektive des alten Turmhahns – »Zu Cleversulzbach im Unterland / Hundert und dreizehn Jahr ich stand, / Auf dem Kirchenthurm ein guter Hahn, / Als ein Zierrath und Wetterfahn« – entwickelt der Dichter ein Genrebild, schildert in reizvollen, doch auch ironischen Versen, Vergangenheit und Gegenwart mischend, ein beschaulich-friedvolles pfarrherrliches Leben, ein liebenswertes Milieu auf dem Dorf. Ach, wenn nur das Predigen nicht wäre –

Unten:
Der Cleversulzbacher Turmhahn

> [...] Wie sanft ist aller Tage Fluß
> Bis zum geliebten Wochenschluß!
> – Freitag zu Nacht, noch um die Neune,
> Bei seiner Lampen Trost alleine,
> Mein Herr fangt an sein Predigtlein
> Studieren; anderst mags nicht sein;
> Eine Weil am Ofen brütend steht,
> Unruhig hin und dannen geht:
> Sein Text ihm schon die Adern reget;
> Drauf er sein Werk zu Faden schläget. [...]
>
> Zu schreiben endlich er sich setzt,
> Ein Blättlein nimmt, die Feder netzet, [...]
>
> Indes der Wächter
>   Elfe schreit,
> Mein Herr denkt:
>   es ist Schlafenszeit;
> Ruckt seinen Stuhl
>   und nimmt das Licht;
> Gut Nacht, Herr Pfarr!
>   – Er hört es nicht. [...]

... und die Wirklichkeit

Doch ist dies nur die eine Seite des Cleversulzbacher Lebens. Die andere, unverklärte, alltägliche spiegelt Sorgen und Probleme. Geprägt ist diese von Krankheiten, von kleinmütiger Verzagtheit, von Tagen dumpfen Brütens, von finanziellen Nöten. Mörike ist bald amtsmüde. Schon im zweiten Jahr erbittet er sich wegen »seiner andauernden Kränklichkeit einen Amtsgehülfen«. Vier Vikare insgesamt haben ihn dann unterstützt und ihn beim sonntäglichen Gottesdienst vertreten, sodass er, während sie sich für ihn in der Kirche abmühten, im Schatten seiner Laube sitzend oder am Waldesrand im Gras liegend, dichten und »in tiefinnerster Behaglichkeit« dem Orgelspiel oder dem Gemeindegesang aus der Kirche lauschen konnte. »Was den Sakristeigeruch betrifft, so muß ich leider [...] bekennen: ich weiß nicht mehr, wie das Innere einer Kirche aussieht«, schreibt er an Hermann Kurz.

Kein Wunder, dass sich Neider regten und der Stuttgarter Kirchenrat ihn schließlich aufforderte, entweder selbst zu predigen oder sich pensionieren zu lassen. Nach einem kurzen Versuch, sich mit Predigten des Freundes Hartlaub zu behelfen, kapitulierte Mörike und ließ sich im August 1843, wenige Tage vor seinem 39. Geburtstag, pensionieren, am 19. September verließ er Cleversulzbach.

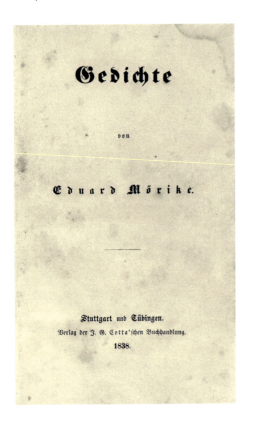

Titelblatt der 1838 erschienenen *Gedichte*

Als Prediger war er gescheitert, doch als Dichter hatte er in den zurückliegenden Jahren eine beachtliche Ernte eingefahren. In Cleversulzbach entstanden die Märchen *Der Schatz*, *Der Bauer und sein Sohn* sowie ein Versepos, das *Märchen vom sichern Mann*. 1838 erschien Mörikes erster Gedichtband mit 143 Gedichten bei Cotta in Stuttgart. 1840 folgte dann bei Schweizerbart die *Classische Blumenlese. Eine Auswahl von Hymnen, Oden, Liedern, Idyllen, Gnomen und Epigrammen der Griechen und Römer, nach den besten Verdeutschungen, theilweise neu bearbeitet, mit Erklärungen für alle gebildeten Leser.* Vor allem aber verdanken wir jener Zeit eine große Zahl von Gedichten und Versen, in denen Mörike sich als großer Lyriker erweist, als Volkston-Dichter, der aber auch ironische und satirische, skurrile und groteske Töne meisterlich beherrscht. Erinnert sei an »Ein Stündlein wohl vor Tag«, »Die Schwestern« oder »Der Knabe und das Immlein«, »Wald-Idylle«, »Waldplage«, »Erzengel Michaels Feder«, »Lammwirts Klagelied«, »Die Visite«, »Gute Lehre«, »Der Gärtner«, »An Philomele« oder »An eine Äolsharfe«.

Eduard Mörike, Lithographie von 1851

Neuenstadt am Kocher, Farblithographie, um 1840

Die Mörike-Stätten in Cleversulzbach sind nicht zu verfehlen. Sie liegen beieinander: Die Kirche mit dem Turmhahn, daneben das Mörike-Museum im ehemaligen Schulhaus, das Pfarrhaus mit seinem Garten, der Friedhof mit den Gräbern von Mörikes und von Schillers Mutter. Wer Zeit hat, sollte den mit blauen Turmhahnschildern ausgewiesenen Spazierweg rund ums Dorf begehen. Zudem kann man, wie einst Mörike, den Sulzbach und die Brettach entlang, an der romantischen Kirchenruine von Helmbund vorbei, in einer guten halben Stunde zu Fuß nach Neuenstadt am Kocher gelangen, wo sich einst der Urgroßvater Mörikes, aus dem märkischen Havelberg kommend, niedergelassen hat. In dem Gedicht »Auf einer Wanderung« hat Eduard Mörike der Stadt, in der er öfter seine Verwandten besuchte, ein literarisches Denkmal gesetzt. Und wer ganz gut zu Fuß ist, der kann, von Cleversulzbach aus, wie Mörike nach gut zwei Stunden in Weinsberg bei Justinus Kerner einkehren.

»Die Wasserfrau ist kommen
Gekrochen und geschwommen«

Blaubeuren, die schöne Lau und die Klosterschule

In seiner autobiografischen Skizze »Die Nürnberger Reise« erläutert Hermann Hesse, warum er auf dem Weg in die fränkische Reichsstadt einen Umweg über Blaubeuren genommen hat: »Es steckte hinter dem Namen ›Blaubeuren‹ ein Reiz und Geheimnis, eine Flut von Anklängen, Erinnerungen und Lockungen […] Bei Blaubeuren lag das berühmte Klötzle Blei, und in Blaubeuren im Blautopf hatte einst die schöne Lau gewohnt […] Und außer der schönen Lau […] war mit diesen Klängen und Phantasiekreisen verwoben die Erinnerung an meine Jugend und ihre starke Traumwelt, an den Dichter Mörike, an uralte schwäbische Worte, Spiele und Märchen, an die Sprache und Landschaft meiner Kindheit.«

Wie Hesse geht es vielen. Blaubeuren ist ein romantischer Ort, der seine literarische Bedeutung aus Eduard Mörikes 1853 erstmals erschienenen Märchen vom *Stuttgarter Hutzelmännlein*, vor allem aus der darin enthaltenen »wahren und anmutigen Historie von der schönen Lau«, bezieht. Durch sie gewinnen die Stadt und der Blautopf »jene zeitlose Unvergänglichkeit, die nur durch Poesie verliehen werden kann«, meint Bernhard Zeller im *Blaubeurer Heimatbuch*.

Die schöne Lau

Zu Recht wird diese Erzählung, die Mörike in eine Welt »wohl vor fünfhundert und mehr Jahren« verlegt, als ein »Paradestück« romantischer Literatur gerühmt: wegen ihrer inhaltlichen Nähe zur Sage, zum echten Volksmärchen, auch wegen der im Volkston gehaltenen Erzählweise, der altertümlich und landschaftlich gefärbten Sprache, die gelegentlich auch Ausdrücke oder Redewendungen im schwäbischen Dialekt verwendet. Vor allem aber wegen des »Lokalkolorits«, dem Märchenhaften und der Mischung von Phantastik und Realismus, dem Spiel mit dem Verfremdenden und dem Gewöhnlichen, der Scheinwelt und der Wirklichkeit. Der Dichter nahm volkstümliche Gedichte, Lieder, Reime, Verse, Sprichwörter, Rätsel, mundartliche Redewendungen auf, darunter etwa den Stolpervers »'s leit a Klötzle Blei glei bei Blaubeura, glei bei Blaubeura leit a Klötzle Blei«. Er beherrschte die Elemente des Volksmärchens so perfekt, dass es den Zeitgenossen schwer fiel, an eine Erfindung Mörikes, an ein konstruiertes und bewusst geformtes Kunstmärchen zu glauben. Ludwig Uhland vermutete, Mörike habe eine »verschollene« uralte Blaubeurer Sage entdeckt, und Theodor Storm hielt das Hutzelmännlein für eine »Figur des Volksglaubens«. Doch das Hutzelmännlein und die Lau sind ureigenste Geschöpfe Mörikes.

Ein »wahres Mausnest von Fabeleien«, nannte David Friedrich Strauß spöttisch die verschlungene und verwickelte Erzählung, die vom Schustergesellen Seppe, seinem Schnitzbrot, seinen vertauschten Zauberschuhen und seiner Wanderschaft handelt, und den Rahmen für die Fabel von der »schönen Lau« im Blautopf bildet. Diese war eine »Wasserfrau mit langen fließenden Haaren« und mit einem Leib »allenthalben wie eines schönen natürlichen Weibs, dies eine ausgenommen, daß sie zwischen den Fingern und Zehen eine Schwimmhaut hatte, blühweiß und zarter als ein Blatt Mohn«. Sie war von ihrem Ehemann, einem »alten Donaunix vom Schwarzen Meer«, in den Blautopf verbannt worden, weil sie ihm nur tote Kinder geboren hatte. »Das aber kam, weil sie stets traurig war ohn' einige besondere Ursach'. Die Schwiegermutter hatte ihr geweissagt, sie möge eher nicht

Der Blautopf und die Klosterkirche in Blaubeuren. Gouache von Louis Mayer, 1836

eines lebenden Kindes genesen, als bis sie fünfmal von Herzen gelacht haben würde.«

Das Lachen gelang dank der Hilfe von Menschen, vor allem der guten Wirtsfrau Betha Seysolffin vom Nonnenhof, zu deren Wirtschaft die Lau auf unterirdischen Gängen gekommen war und die die Nixe mit dem Vers begrüßte:

> Die Wasserfrau ist kommen
> Gekrochen und geschwommen,
> Durch Gänge steinig, wüst und kraus,
> Zur Wirtin in das Nonnenhaus. [...]

Und wer wissen will, wie die Lau zum Lachen kam, der liest die Geschichte am besten am Blautopf selbst, wo sich seit alters her der spitze gotische Kirchturm des einstigen Benediktinerklosters im blauen Wasser spiegelt. Noch besser, man liest das Märchen vor, lässt die Worte klingen, denn dann wird der meisterliche Umgang des Autors mit der Sprache deutlich, mit deren Rhyth-

men, Tönen, Bildern, Worten er leicht und frisch und kunstvoll zugleich spielt.

Die »Alumni« der Klosterschule

Doch nicht nur über Mörike und seine »Historie von der schönen Lau« ist Blaubeuren mit der Schwäbischen Romantik verbunden. Im 1534 durch die Reformation aufgehobenen Kloster ist seit 1556 eine der berühmten evangelischen Klosterschulen untergebracht. Und zu den Blaubeurer »Alumni«, den Zöglingen des Evangelisch-theologischen Seminars, gehören auch Ludwig Amandus Bauer, der Freund Eduard Mörikes, mit dem zusammen er in Tübingen das Traumland »Orplid, das ferne leuchtet«, geschaffen hat, oder Wilhelm Zimmermann, der mit Mörike zusammen 1836 das *Jahrbuch schwäbischer Dichter und Novellisten* herausbrachte und vor allem bekannt wurde durch seine dreibändige

Geschichte des Bauernkriegs. Von 1817 bis 1820 erfuhr Wilhelm Hauff hier seine Ausbildung. Hier liegen die Anfänge seiner schriftstellerischen Entwicklung, die er in seinen *Phantasien im Bremer Ratskeller* so beschreibt: »Sei mir gegrüßt, du Felsental der Alb! du blauer Strom, an welchem ich drei lange Jahre hauste. Die Jahre lebte, die den Knaben zum Jüngling machen. [...] Seid mir gegrüßt, ihr Schlösser auf den Felsen, ihr Höhlen, ihr Täler, ihr grünen Wälder. Jene Täler, jene Klostermauern waren das enge Nest, das uns aufzog, bis wir flügge waren, und ihrer rauhen Albluft verdanken wir es, dass wir nicht verweichlichten.«

»Der Lichtkarz« von Luise Walther, 1853

Zu den Klosterschülern zählten ab 1821 die Freunde David Friedrich Strauß, der später mit seinem *Leben Jesu* als »kritischer Kopf von eigenständiger Kraft« Epoche machte, und Friedrich Theodor Vischer, einer der großen deutschen Ästhetiker. Erinnert sei an Ferdinand Christian Baur, der in Blaubeuren unterrichtete, bis er 1826 als Theologieprofessor nach Tübingen berufen wurde, wo er zum Begründer der berühmten »Tübinger historisch-kritischen Schule« wurde.

Ja, und wer nach Blaubeuren reist und auf literarischer Spurensuche ist, sollte nicht vergessen, dass hier der unglückliche Dichter Christian Friedrich Schubart 1777 gefangen genommen wurde. So ist ihm denn in Blaubeuren auch eine kleine Gedenkstätte gewidmet, deren Besuch sich durchaus, neben dem Gang zum und rund um den Blautopf, lohnt.

Linke Seite: »Die schöne Lau«, Farbzeichnung von Karl Stirner, 1941

»O Täler weit, o Höhen«

Wangen im Allgäu – Eichendorff im Exil

Joseph von Eichendorff war nie im Allgäu. In Süddeutschland hat er sich nur in Heidelberg, Schwetzingen, Mannheim und Bad Mergentheim aufgehalten. Man kann aber annehmen, dass ihm die Landschaft gefallen hätte und darin besonders das alte Städtchen Wangen. Das historische und längst denkmalgeschützte Gebäudeensemble mit Stadttoren und Türmen, dem barocken Rathaus, prächtigem Fachwerk oder bemalten Fassaden, kostbar ausgeschmückten Kirchen und Kapellen lockt

Wangen im Allgäu um 1820

heute die Besucher ebenso wie es die sechs städtischen Museen tun, die in der Eselsmühle und dem benachbarten, über einen Wehrgang erreichbaren Färberhaus untergebracht sind.

Das Wasserrad vor der ehemaligen Stadtmühle erinnert bereits an den Anfang der bekanntesten Eichendorff-Novelle *Aus dem Leben eines Taugenichts:*

»Das Rad an meines Vaters Mühle brauste und rauschte schon wieder recht lustig, der Schnee tröpfelte emsig vom Dache, die Sperlinge zwitscherten und tummelten sich dazwischen; ich saß auf der Türschwelle und wischte mir den Schlaf aus den Augen; mir war so recht wohl in dem warmen Sonnenscheine. Da trat der Vater aus dem Hause; er hatte schon seit Tagesanbruch in der Mühle rumort und die Schlafmütze schief auf dem Kopfe, der sagte zu mir: Du Taugenichts! da sonnst du dich schon wieder und dehnst und reckst dir die Knochen müde und läßt mich alle Arbeit allein tun. Ich kann dich hier nicht länger füttern. Der Frühling ist vor der Tür, geh auch einmal hinaus in die Welt und erwirb dir selber dein Brot. – Nun, sagte ich, wenn ich ein Taugenichts bin, so ists gut, so will ich in die Welt gehen und mein Glück machen.«

Da Eichendorff in seiner märchenhaften Erzählung nicht verrät, von wo der junge Mann mit seiner Sehnsucht nach der Fer-

Joseph von Eichendorff, Daguerreotypie von 1857

ne aufbricht – nur, dass er in Richtung Wien und dann von dort nach Italien reist –, könnte es auch Wangen im Allgäu sein. Und wer den Durchgang der Stadtmauer hinter dem Museums-Café Richtung Sankt-Gallus-Brücke nimmt, sieht eine bronzene Taugenichts-Figur fröhlich in die Welt treten. Ein Denkmal für seinen Schöpfer steht diesseits der Mauer auf dem Vorplatz des Museumsgebäudes, das Joseph von Eichendorff und Gustav Freytag gewidmet ist.

Literarische Museen an Orten, an denen die jeweiligen Schriftsteller überhaupt nie waren, sind eine Ausnahme, auch wenn natürlich häufig nicht die authentischen Geburts-, Wohn- oder Sterbehäuser zur Verfügung stehen. Wie es dazu kam, dass der oberschlesische Romantiker im Allgäu landete, ist den Zeitläuften geschuldet – oder, in diesem Fall, eigentlich zu danken.

In Eichendorffs Sterbehaus in Neiße hatte der Schriftsteller Willibald Köhler Mitte der 1930er-Jahre eine Gedenkstätte eingerichtet; 1945 wurde sie zerstört und Köhler aus Schlesien vertrieben. In seinem neuen Zuhause in Wangen begann er bald mit dem Wiederaufbau einer Sammlung. Seit 1954 war sie, getragen von der Schlesischen Gesellschaft für Literatur und Kunst, in seinem Privathaus untergebracht, 1986 zog sie – mit dem ähnlich nach Wangen gelangten Freytag-Archiv – in das Färberhaus. Dort kann man nun in zwei liebevoll eingerichteten Biedermeier-Zimmern Porträts, Handschriften in Faksimiles, Erstausgaben und die unterschiedlichsten Erinnerungsstücke an den Dichter sehen. Für Forschungszwecke steht im Dachgeschoss das wohlbestückte Archiv mit Publikationen von und über Eichendorff zur Verfügung. Darin finden sich auch die Werke der inzwischen 55 Eichendorff-Literaturpreisträger, die alljährlich im Rahmen der Wangener Gespräche gekürt werden und unter denen so renommierte Namen sind wie Heinz Piontek, Peter Huchel, Eva Zeller, Peter Härtling, Werner Dürrson, Günter de Bruyn und Wulf Kirsten. Neben diesem immer im September stattfinden-

Ratibor in Oberschlesien, Geburtsort Eichendorffs

den Ereignis gibt es Anfang Juli das Autorentreffen im Sitzungssaal des Rathauses mit Lesungen und Kritik in der Art eines kleineren, familiären Klagenfurt; das Literarische Forum Oberschwaben hatte sich 1967 auf Anregung von Maria Müller-Gögler, Maria Menz, Josef W. Janker und Martin Walser gegründet.

So ist die ehemalige Reichsstadt Wangen, die 815 erstmals in Urkunden als »Wangun« erwähnt wurde und die in der Vergangenheit mit berühmten Bildhauern, Malern und Goldschmieden glänzte, im 20. Jahrhundert zum Ort der Literatur geworden.

Die Landschaft seiner Heimat in Oberschlesien, wo er am 10. März 1788 auf Schloss Lubowitz bei Ratibor geboren wurde, hat Joseph von Eichendorff in seiner Dichtung in eine poetische Szenerie verwandelt, deren Höhen und Täler für eine romantische Idylle par excellence stehen. Sein Gedicht »Abschied« mit der genauen Ortsangabe »Im Walde bei Lubowitz« lässt sich trotzdem auf die Umgebung Wangens im Allgäu münzen:

O Täler weit, o Höhen,
O schöner, grüner Wald,
Du meiner Lust und Wehen
Andächtger Aufenthalt!
Da draußen, stets betrogen,
Saust die geschäftge Welt,
Schlag noch einmal die Bogen
Um mich, du grünes Zelt! [...]

Freies Leben, freies Lieben

Noch kein Museum, wohl aber eine Gedenktafel auf dem Alten Friedhof bei der Rochuskapelle und eine Straße erinnern in Wangen an die bemerkenswerte Schriftstellerin und Frühfeministin der Vormärzzeit Louise Aston. Sie ist am 21. Dezember 1871 in der Allgäustadt während einer Kur gestorben. Da war ihre »wilde« Zeit allerdings schon lange vorbei, und sie lebte unerkannt an der Seite ihres zweiten Ehemanns, des Bremer Arztes Eduard Meier, in Frankreich, der Ukraine, in Siebenbürgen, Ungarn und Österreich. Meier hatte wegen seines – oder vielleicht auch ihres – radikal-demokratischen Engagements seine Stellung verloren.

Louise Aston
um 1835

Seit die 1814 bei Halberstadt geborene Louise Hoche 21-jährig gegen ihren Willen mit dem englischen Fabrikanten Samuel Aston in Magdeburg verheiratet worden war, forderte sie die vollständige Gleichstellung der Frau, Freiheit in der Liebe und bei der Wahl des Partners. In ihrem »Lebensmotto« heißt es deutlich: »Freiem Leben, freiem Lieben, / Bin ich immer treu geblieben!«

Das war selbst in Berlin, wohin sie nach der Trennung zog, skandalös, ebenso wie es ihr öffentliches Auftreten in Hosen und Zigarren rauchend und ihre Bücher waren: *Meine Emancipation. Verweisung und Rechtfertigung; Aus dem Leben einer Frau; Revolution und Contrerevolution* – und die von ihr 1848 redigierte Zeitschrift *Der Freischärler. Für Kunst und sociales Leben.*

Louise Astons Gedichte thematisieren die soziale Frage, beispielsweise im »Lied einer schlesischen Weberin«. Daneben gibt es allerdings auch romantisch Klingendes – wie »Die wilde Rose«:

> Da droben auf einsamer Höhe
> Die wilde Rose blüht,
> Und wer sie von Ferne gesehen,
> In heißer Sehnsucht erglüht.
>
> Zu ihr über Felsen und Klüfte
> Ein kühner Jäger klimmt.
> Schon ist er in nächster Nähe –
> Das Auge in Thränen ihm schwimmt.
>
> Er will sie erfassen und pflücken.
> Da strauchelt jäh sein Fuß;
> Des Abgrunds finstere Tiefe
> Empfängt ihn mit kaltem Kuß.
>
> Da droben auf einsamer Höhe
> Die wilde Rose blüht,
> Und wer sie von Ferne gesehen.
> In heißer Sehnsucht erglüht.

*»Ja, wird mir nicht baldigst fade
Dieses Schlosses Romantik«*

Meersburg am Bodensee

» *D*a hättest du erst erfahren, was ein ächt romantischer Punkt am Bodensee ist«, schrieb Annette von Droste-Hülshoff in einem Brief an Levin Schücking über einen Ausflug nach Langenargen angesichts der dortigen Ausdehnung des Sees. Gemeinhin gilt jedoch eher Meersburg mit seiner alten Burg und der pittoresken Lage als Inbegriff des Romantischen.

1837 hatte Joseph von Laßberg, der Schwager der Dichterin, die bis heute bewohnte Burganlage erworben und dies nicht wenig stolz seinem Freund Ludwig Uhland mitgeteilt: »Eine schöne große Burg, wolerhalten (da vor einem Jare noch das Hofgericht sammt dem Hofrichter darinne saß), hell, warm und in einer Lage, die eine der schönsten Aussichten am Bodensee gewäret. [...] Die Gegend wie die ganze Nachbarschaft ist fruchtbar, freundlich und wolangebaut; der Wein, welcher

Joseph Freiherr von Laßberg

Altes Schloss und Stadt Meersburg am Bodensee, um 1840

seit einigen Jaren da aus Traminer Trauben gezogen wird, gehört gewiß unter die vorzüglichsten Weine Schwabens, und ich hoffe, wir sollen in einem der runden Gemächer der guten alten Burg, welche die Aussicht auf die blauen Fluten des Potamus [Bodensee] geben, mer als einmal die Erfarung hievon machen. [...] Dort wird mir ein Wunsch gewärt, den ich bisher stets vergeblich närte, ich kann alle meine Bücher und Handschriften etc. in einem schönen, hellen, gewölbten (ehemaligen Archiv-) Saale beisammen aufstellen und durch die Glastüre eines anstoßenden geräumigen Arbeitszimmers alles übersehen.«

Ohne ihn, der als junger Offizier noch den Ritterschlag empfangen und sich schon als Landesforstmeister der Fürsten zu Fürstenberg in Donaueschingen und Heiligenberg für das Mittelalter begeistert hatte, wäre die Alte Burg wohl für den Abbruch freigegeben worden. Glücklicherweise interessierte ihn steingewordene Historie und das, was »in alten maeren / Wunders viel geseit« ist. Laßbergs Privatbibliothek war berühmt und eine der

Gustav Schwab, Ölgemälde von Karl Leybold, 1825

bedeutendsten Sammlungen seiner Zeit mit 11 000 gedruckten Büchern und 300 Manuskripten. Darunter war als wertvollstes Stück die so genannte Handschrift C des *Nibelungenliedes*, die er mit anderen mittelhochdeutschen Texten in seinem mehrbändigen *Liedersaal* veröffentlichte.

Schon in seiner vorherigen Besitzung – Schloss Eppishausen im Thurgau – hatte Laßberg eine Art Studienzentrum der frühen deutschen Germanistik gepflegt und gern Gäste wie Ludwig Uhland oder Gustav Schwab empfangen. Die Droste urteilte bei ihrem Aufenthalt 1835, als sie ihre seit kurzem mit Laßberg verheiratete Schwester Jenny zum ersten Mal am Bodensee besuchte, recht harsch: Diese »Alterthümler, die in meines Schwagers muffigen Manuskripten wühlen möchten, sehr gelehrte, sehr geachtete, ja, sehr berühmte Leute in ihrem Fach – aber langweilig wie der bittre Tod, – schimmlich, rostig, prosaisch wie eine Pferdebürste, – verhärtete Verächter aller neueren Kunst und LITTERATUR, – mir ist zuweilen als wandle ich zwischen trocknen Bohnen-Hülsen, und höre Nichts als das dürre Rappeln und Knistern um mich her, und solche Patrone können nicht enden, vier Stunden muß man mit ihnen zu Tisch sitzen, und unaufhörlich wird das leere Stroh gedroschen!«

Bei ihren späteren Aufenthalten in Meersburg hat sie sich dann mit Laßbergs Mittelalter-Begeisterung und einigen der Herren angefreundet und hübsch-ironische »Fingernagel-Porträts« gefertigt; besonders von Uhland war sie sehr angetan wegen seiner »großen Bescheidenheit, Einfachheit und einen überwiegenden Zug von Güte, Milde und Theilname«.

Ludwig Uhland kam seit 1820 beinahe jedes Jahr an den Bodensee und korrespondierte zwischendurch viel mit Laßberg, ebenso Gustav Schwab, der 1827 sein umfassendes Werk *Der Bodensee nebst dem Rheinthale von St. Luziensteig bis Rheinegg. Handbuch für Reisende und Freunde der Natur, Geschichte und Poesie* veröffentlichte. Darin ist seine berühmte Ballade »Der Reiter und der Bodensee« abgedruckt, die auf ein historisches Ereignis zurückgeht: auf den Ritt des Landvogtsknechts Andreas Egglisperger, der im Januar 1573 von Dingelsdorf nach Überlingen den See auf tauendem Eis überquert hatte, das Pferd am Zügel und schweißgebadet anlangte, und danach sein Glück feierte. Bei Schwab ist der Reisende namenlos, ohne Herkunft und Ziel, aus Landschaft und Geschichte gefallen; sein tödliches Erschrecken nach überstandener Gefahr kann man mit Arno Borst modern als Folge der »Hast eines unbehausten Individuums und seiner tödlichen Kurzsichtigkeit« interpretieren.

Laßberg hatte Schwab erzählt, dass er bei der Seegfrörne des Jahres 1830 vom Hinweg ermüdet mit einem von vier schwarzen Pferden gezogenen Schlitten von Immenstaad zurück ans Schweizer Ufer gefahren war. Darauf verfasste Schwab eine zweite Fassung als Hommage an den Freund (der sich selbst gern als »Meister Sepp« titulierte) und veröffentlichte sie im *Morgenblatt*. Die letzten Zeilen dieses Gedichts »Der Spuk auf dem Bodensee« lauten:

Seegfrörne in einem Brief von Laßberg an Uhland, Meersburg 1853

[…] Und die darüber fuhren im Mondschein kalt und hell
Sucht in der Schweiz die Kühnen, fragt an zu Bischofszell;
Klopft an zu Eppishausen; wer kennt den Meister nicht?
Der hat die Fahrt bestellet, der sandte mir Bericht.

Sie alle leben fröhlich, sie sind ein christlich Blut,
Voran Herr Sepp, der gerne den Wanderern gütlich thut;
Nur spricht man, daß er heimlich nach manchem Schatze gräbt,
Und mit den alten Geistern in einem Bunde lebt.

Die Alte Burg in der Oberstadt

Meersburg – von ihm Mörsburg genannt – beschrieb Schwab als »seltsames Felsennest«, die kleine Stadt »als ein Anhängsel der auf mächtigen Felsen aufgethürmten, vielgebäudigen, bisthümlichen ältern Hofburg«. Und er meinte, der »Anblick von Mörsburgs alten Stein- und Felsmassen« zwinge »die Seele des Wanderers zu Ernst und Nachdenken«. Für heutige Besucher ist das höchstens noch nachvollziehbar, wenn sie nicht die von Andenkenkitsch gesäumte Steigstraße, sondern den Burgweg von der Unter- in die Oberstadt nehmen, der durch den Burggraben und an der Mühle vorbei hinaufführt. Hier ist es besonders im Winter und bei Dunkelheit ein bisschen unheimlich und es scheint kaum Zeit vergangen zu sein, seit der junge Münsteraner Schriftsteller und Kritiker Levin Schücking auf Vermittlung der Droste und ihrer Schwester Jenny nach Meersburg kam, um bei Laßberg als Bibliothekar zu arbeiten. In seinem Buch *Annette von Droste. Lebensbild* berichtet er von seiner Ankunft:

»Es war an einem Herbstabend jenes Jahres 1841, als ich durch die niedere und lange Wölbung des Torbogens der alten Meersburg schritt. Die Lampe des Pförtners warf ihren grellen, aber unsteten Schein auf das dunkle Gemäuer und fuhr über eine eigenthümlich freundliche und ermunternde Malerei, die an der Wand angebracht war, fort. Man sah da den ausgestreckten Arm irgendeines, vom Maler gänzlich verschwiegenen und durch die Phantasie zu ersetzenden armen Sünders, dem die Hand mit einem scharfen Beile abgehauen wurde. Darunter stand mit einem warnenden Ausrufungszeichen zu lesen: Burgfrieden! [...] Wir betraten einen inneren Hof, der eine Art geräumiger Terrasse bildete. Vor mir in den dunkeln Nachthimmel stieg der altersgraue Belfried, der Turm König Dagoberts, auf. Links, über eine Reihe niederer Mauerzinnen, dehnte sich weithin der graue dämmerige Spiegel des Bodensees. Das alte Schloß Meersburg ist eine der ältesten Burgbauten Deutschlands. Zum Schutz der Überfahrt über den See haben die Frankenkönige aus dem Hause der Merowinger sie gegründet und der Hauptturm wird von der Sage ein Werk Dagoberts I. genannt, während die Altertümler zwei an dem Turm eingehauene Buchstaben C. M. auf Carl Martell deuten. Später wurde sie die Residenz der Fürstbischöfe von Konstanz. [...] Die altertümliche Umgebung, der auch die Hohenstaufen-Erinnerungen nicht fehlten, denn Konradin wohnte auf dem Schlosse im Jahre 1262 und wieder 1267, kurz vor seiner italienischen Heerfahrt – diese Umgebung war der passende Rahmen für den Burgherrn, eine ritterliche, sich strack aufrecht haltende Gestalt mit langem weißem Barte, dessen Haupt weder die Jahre, welche darüber hinweggefahren, noch die stupende Gelehrsamkeit, welche sich darin barg, niederdrückten.«

Die moderne Geschichtsforschung belässt die Anfänge im Dunkeln, schätzt die frühesten Teile auf das 11. und die übrige

Levin Schücking, Stahlstich

Die Alte Burg in Meersburg. Zeichnung von Jenny von Laßberg

Anlage auf den Beginn des 16. Jahrhunderts. Das Sagenhafte, das sich mit den Namen Karl Martells und Konradins verbindet, fasziniert jedoch bis heute die Besucher der Ritterburg mit seiner mittelalterlichen Patina, mit den Waffen, Möbeln, Fellen und – schon von der Droste so bezeichnetem – »wunderlichem alten Gerümpel«. In einem langen Gedicht beschreibt Levin Schücking das Ambiente und Konradins Schicksal:

Die Meersburg am Bodensee
Conradins Sitz um 1262 und 1267

I.
Hoch über Felsen ist sie aufgebaut
Am Seegestaad, daran die Wogen schlagen;
So hoch – was über ihr die Wolke braut,
Scheint sie mit grauen Zackenreih'n zu tragen.

> Inmitten steht, den Dagobert gesetzt,
> Der Thurm, in dem der Schild Martells geklungen;
> Ein fest Gemäu'r, so stark und unverletzt,
> Als ob es sein Jahrtausend übersprungen. [...]
>
> Und diese Burg – ein fabelhaftes Haus,
> Als ob's ein Mönch gemalt in seinen Psalter!
> Mich überwölbt die Decke dieses Bau's
> Mit bunten Träumen aus dem Mittelalter.
>
> Ein Hornesstoß! es rasselt unter'm Thor,
> Die Sporen klirren auf den Wendelstiegen.
> Dort, auf der Warte wehet, hoch empor,
> Und schlägt die Lüfte, die den Habicht wiegen,
>
> Des jungen Conradin Panier; es steht
> Der Sonnenstrahl in seinen goldnen Falten;
> Er kommt! – Er hat dem Reiher nachgespäht
> Und auf der Faust das Federspiel gehalten. – [...]

Die 17. Strophe bringt schließlich den Wechsel ins 19. Jahrhundert:

> Das war vordem! jetzt schüttelt euch die Hand,
> Ein grauer Rittersmann und spricht willkommen!
> Und fragt nach jeder Burg in eurem Land,
> Und weiß Geschichten, wie ihr nie vernommen!

Dann tritt »wie ein Bild aus längstverschollner Zeit« ein Sänger zu dem grauen Ritter.
 Man erkennt ihn, den Dichter, an seiner Forderung nach dem alten Recht, seinem »Sängerfluch« und der »Schwäbischen Kunde«:

> Geräuschlos und bescheiden tritt er ein,
> Demüthig fast, den Wanderstab zur Seiten;
> Viel »sanfte Tage« lassen ihren Schein,
> Ein rosig Wehn, um seine Stirne gleiten.
>
> So kennt ihr ihn, geht er auch still einher:
> Der Uhland ist es – prunklos, ohne Flitter.
> Ein hoher Gast – doch auch ein Wirth wie der! –
> Gott segne beide – Laßberg heißt der Ritter.

Ans *Morgenblatt* sandte Schücking das Gedicht dann zum Druck ohne die Strophen zu Laßberg und Uhland, was bei ersterem tiefste Enttäuschung hervorrief. Um den Freund zu decken, erklärte Droste gegenüber der Familie, die Redaktion habe die Strophen aus unverständlichen Gründen gestrichen.

Der gemeinsam mit Levin Schücking auf der Meersburg verbrachte Winter 1841/42 war die produktivste Zeit für Annette von Droste-Hülshoff. Es entstanden ungefähr sechzig Gedichte unterschiedlichster Themen und Formen; Texte, die die westfälische Landschaft beschwören wie solche, die sich aus der Anschauung des Bodensees speisen. Anders als zum Beispiel Schücking romantisiert sie das Burggemäuer nicht, genauso wenig wie sie den Bodensee jemals als harmlose Idylle beschreibt; sie sieht Abgründe, wo andere sich nur gruseln, und schafft eine Atmosphäre der Grenzüberschreitung zwischen Leben und Tod.

Das alte Schloß

> Auf der Burg haus' ich am Berge,
> Unter mir der blaue See,
> Höre nächtlich Koboldzwerge,
> Täglich Adler aus der Höh'.

Und die grauen Ahnenbilder
Sind mir Stubenkameraden,
Wappentruh' und Eisenschilder
Sopha mir und Kleiderladen.

Schreit' ich über die Terrasse
Wie ein Geist am Runenstein,
Sehe unter mir die blasse
Alte Stadt im Mondenschein,
Und am Walle pfeift es weidlich,
– Sind es Käuze oder Knaben? –
Ist mir selber oft nicht deutlich,
Ob ich lebend, ob begraben.

Mir genüber gähnt die Halle,
Grauen Thores, hohl und lang,
Drin mit wunderlichem Schalle
Langsam dröhnt ein schwerer Gang;
Mir zur Seite Riegelzüge,
Ha, ich öffne, laß die Lampe
Scheinen auf der Wendelstiege
Lose modergrüne Rampe,

Die mich lockt wie ein Verhängniß
Zu dem unbekannten Grund;
Ob ein Brunnen? ob Gefängniß?
Keinem Lebenden ist's kund;
Denn zerfallen sind die Stufen,
Und der Steinwurf hat nicht Bahn,
Doch als ich hinab gerufen,
Donnert's fort wie ein Orkan.

> Ja, wird mir nicht baldigst fade
> Dieses Schlosses Romantik,
> In den Trümmern, ohne Gnade,
> Brech' ich Glieder und Genick;
> Denn, wie trotzig sich die Düne
> Mag am flachen Strande heben,
> Fühl' ich stark mich wie ein Hüne,
> Von Zerfallendem umgeben.

Warum die Droste, die ja außerordentlich kunstfertig reimen konnte, ausgerechnet bei der Romantik ins rhythmische Stolpern gerät? Sie selbst zeigt, bei allem Biedermeierlichen, durchaus romantische Züge. Ihre wunderbar-schauerlichen Beschreibungen der alten Meersburg in den Briefen und ihre Leidenschaft für Spukgeschichten gehören ebenso dazu wie das Sammeln von Märchen. In einem ihrer erstaunlichsten Gedichte – »Die Mergelgrube« – reflektiert das (männliche) lyrische Ich beim Suchen von Versteinerungen über die seit der Sintflut vergangenen Zeiträume. Durch den Gesang eines Schäfers wird es aus seinem Wachtraum geweckt. Und dieses Minnelied, das nachweislich vor dem »Mergelgruben«-Gedicht entstand und das die Droste selbst vertont hat, enthält Motive, die romantischer nicht sein könnten:

> [...] Es stehet ein Fischlein in einem tiefen See,
> Danach thu ich wohl schauen, ob es kommt in die Höh;
> Wandl' ich über Grunheide bis an den kühlen Rhein,
> Alle meine Gedanken bei meinem Feinsliebchen sein.
>
> Gleich wie der Mond ins Wasser schaut hinein,
> Und gleich wie die Sonne im Wald gibt güldenen Schein,
> Also sich verborgen bei mir die Liebe findt,
> Alle meine Gedanken, sie sind bei dir, mein Kind.

Wer da hat gesagt, ich wollte wandern fort,
Der hat sein Feinsliebchen an einem andern Ort;
Trau nicht den falschen Zungen, was sie dir blasen ein,
Alle meine Gedanken, sie sind bei dir allein. [...]

Auf Mesmers Spuren

Die Droste war bereits zwei Jahre tot, als Justinus Kerner 1850 das erste Mal nach Meersburg reiste. Von der zweiten Reise 1854 berichtet sein Sohn Theobald: »Der 84jährige Greis [Laßberg], der, wie mit Uhland, so auch mit meinem Vater schon seit längerer Zeit in regem Briefwechsel stand, wollte vor seinem Tode meinen Vater noch persönlich kennen lernen, und er folgte dieser Einladung um so lieber, als er schon längst wünschte, das Grab Mesmers zu besuchen, der, am 5. März 1815 gestorben, auf dem Kirchhof in Meersburg begraben liegt, nicht weit von dem Grabe der Dichterin Annette Droste-Hülshoff, der Schwester der Frau von Laßberg. Auch wollte er nachforschen, ob sich vielleicht noch Briefe, Schriften etc. aus dem Nachlasse Mesmers vorfänden – Diese Forschung war nicht vergeblich.«

Justinus Kerner, Zeichnung, um 1855

Tatsächlich erhielt Kerner ungedruckte Schriften, Originalbriefe und ein lebensgroßes Ölbild Mesmers, das Laßberg, der ihn gekannt hatte, für gut ge-

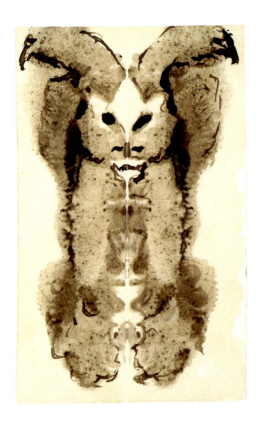

Klecksographie
von Kerner
für Laßberg

troffen hielt. Er schenkte ihm außerdem einen Ring Mesmers und dessen Wiener Doktordiplom. 1856 verfasste Kerner voller Sympathie für den ihm wahlverwandt erscheinenden Arzt und Vorläufer der Hypnosetherapie neben einem Gedicht »Auf Anton Mesmers Grab« ein Buch über *Franz Anton Mesmer aus Schwaben, Entdecker des thierischen Magnetismus. Erinnerungen an denselben, nebst Nachrichten von den letzten Jahren seines Lebens zu Meersburg am Bodensee*. Es beginnt mit folgender Schilderung: »Nahe an dem stets offenen Eingange des über die beweglichen Wogen des weiten Bodensee's hinüberschauenden Friedhofs zu Meersburg ist Franz Anton Mesmer's, des Entdecker des thierischen Magnetismus, Grab. Mit Rührung stand ich im verflossenen Sommer oftmals an diesem Grabe, als auf dem Grabe eines Märtyrers einer von ihm zuerst erkannten Naturwahrheit. Damals war es mir vergönnt, in der alten Meersburg, dem Eigenthum und Wohnsitze des edlen, merkwürdigen, noch im höchsten Alter geistesfrischen, naturgetreuen und unaussprechlich liebenswürdigen Herrn von Laßberg verweilen zu dürfen.«

Weiter erinnert Kerner an die Droste, lobt ihre »herrlichen poetischen Erzeugnisse« und bedauert, ja beklagt, »daß die schon seit 1844 gedruckten Gedichte dieser so durchaus poetischen Seele noch keine frische Auflage erlebt haben.« Aus dem damals noch unpublizierten Nachlass zitiert er ihr Gedicht »Sylvesterabend«, dessen wehmutsvolle Zweifel seinen eigenen entsprochen haben mögen:

> [...] Wer wird denn meiner gedenken
> Wenn ich gestorben bin?
> Wohl wird man Thränen mir weihen,
> Doch diese sind bald dahin;
> Wohl wird man Lieder mir singen,
> Doch diese verweht die Zeit;
> Vielleicht einen Stein mir setzen,
> Den bald der Winter verschneit. [...]

Wir möchten den Meersburger Spaziergang aber nicht so traurig enden lassen und besuchen deshalb auf dem Weg zurück vom Friedhof in die Stadt das Fürstenhäusle mit dem Droste-Museum. Annette von Droste-Hülshoff hatte dieses »niedliche Asyl mit fünf Zimmern mit himmlischer Aussicht« im Herbst 1843 ersteigert, in Erwartung des Honorars für ihren dem Cotta-Verlag angebotenen Gedichtband. Allerdings hat sie wegen ihrer angeschlagenen Gesundheit dieses »Refugium« oder »Tusculum« dann nicht mehr bewohnen, ihre Pläne zur Ausgestaltung von Haus, Garten und Weinberg nicht mehr realisieren können. Nur hin und wieder spazierte sie an Nachmittagen von der Alten Burg hinauf, genoss das Panorama und träumte von Ewigkeiten.

Annette von Droste-Hülshoff, Daguerreotypie aus dem Jahr 1846

*»Wohlauf die Luft geht frisch und rein,
Wer lange sitzt, muß rosten«*

Victor Scheffel: Von Säckingen und dem Hohentwiel

Eigentlich wollte der 1826 in Karlsruhe geborene Victor Scheffel Maler werden, doch auf Drängen des Vaters studierte er Jura: »Also ward ich ein Juriste, / Kaufte mir ein großes Tintenfaß, / Kauft' mir eine Ledermappe / Und ein Schweres Corpus Juris / Und saß eifrig in dem Hörsaal / Wo mit mumiengelbem Antlitz / Samuel Brunnquell, der Professor, / Uns das römische Recht doziert'«, erzählt Jung Werner, der Trompeter, dem Schwarzwälder Pfarrherrn in Scheffels »Sang vom Oberrhein«.

Victor von Scheffel, Fotografie

Glücklich die Stadt, die gleich zwei »Heilige« hat: Fridolin und Victor

Hoffnungen, den »Frondiensten« der Juristerei entgehen zu können, die er nach seinem 1847 erfolgten Examen hegte, zerstoben mit dem Scheitern der bürgerlichen Revolution von 1848/49. »Ich habs in Karlsruhe nicht mehr aushalten können; die reaktionsfreudigen Staathämorrhoidariatsgesichter und der Preußenkult allda haben mir Stehen und

Das Trompeterschloss in Säckingen, Zeichnung von Victor Scheffel, 1850

Gehen verleidet, und da hab ich die erste Gelegenheit am Schopfe ergriffen und habe die hier ausgeschriebene Stellung angenommen«, berichtete er am 26. Januar 1850 seinem Freund Karl Schwanitz aus Säckingen, wo er Anfang des Jahres als Dienstrevisor beim Bezirksamt angetreten war.

»Seitab vom Marktplatz in Säkkingen, von der Kirche weg nach dem Rhein hin, steht eine Reihe hochgiebliger alter Gebäude mit spitzbogigen Türen, vergitterten Fenstern. [...] Das stattlichste der Gebäude, ein dreistockiges Haus, ist das Amthaus. [...] Hier ist *meine* Höhle.« In ihr »pflegte er die Kriminal- und Polizeijustiz«, beschäftigte sich mit Leuten, die ihren Hund ohne Maulkorb laufen ließen, unerlaubt Schnaps ausschenkten oder ihr Brot zu leicht gebacken hatten. Abends dann endlich ist »das

Der Hohentwiel, kolorierter Holzschnitt aus dem Jahr 1866

Tagewerk vorüber, so geht die arme Seel' ins Gasthaus zum Knopf« und schließlich »nach Haus und legt sich aufs Ohr, um morgen da fortzufahren, wo sie heute stehen blieb«, schreibt er in seiner ersten »Epistel« nach Hause.

Die zwei Jahre in Säckingen, sagt er später einmal, seien die »schönsten« seines Lebens gewesen. Seine damals entstandenen Briefe bestätigen dies. Unter dem »primitiven unverdorbenen Volke« fühlte er sich ganz wohl. Angetan haben es ihm die Reize des Städtchens, vor allem seiner Umgebung, des Schwarzwaldes. Fasziniert war er vom Fridolinsfest mit der großen feierlichen Prozession zum Jahrestag des Heiligen, bei der die Reliquien in einem silbernen Schrein durch die Straßen Säckingens getragen werden. Doch schon bald wurde ihm die berufliche Situation unerträglich: »Römisch Recht, gedenk' ich Deiner, / Liegt's wie Alpdruck auf dem Herzen, / Liegt's wie Mühlstein mir im Magen«, jammert Jung Werner.

Als zur politischen Enttäuschung von 1848/49 und zu dem neuerlichen beruflichen Unbehagen noch eine unglückliche, ihn tief enttäuschende Liebesgeschichte um seine Base Emma Heim hinzukam, entschloss er sich zu einer Italienreise und zu einem Leben als bildender Künstler. Schon am 20. Dezember 1850 hatte er seinem Freund Friedrich Eggers geschrieben: »Ein halb Jahr in Italien gibt einem Wintervorrath fürs Leben, dann kann man auch wieder Lastthier sein hier.«

Am 23. Mai 1852 – Scheffel war inzwischen, Ende 1851, von Säckingen ans Bruchsaler Hofgericht gewechselt – reiste der 26-Jährige tatsächlich nach Italien, »einen Schluck Lethe zu trinken, in dem alle Erinnerungen seit 1848 ausgelöscht würden«.

Zurück kam er 1853 nicht als Maler, sondern als Dichter des *Trompeters von Säckingen*, mit dem er die Fridolinsstadt berühmt machte. In der Zueignung, die das Werk einleitet, berichtet Scheffel selbst über die Entstehung. »Bei dem pfiffig krummen / Apotheker von Sorrento / Ließ ich blaue Tinte mischen / Und fuhr übers Meer nach Capri. / Hier begann ich die Beschwörung.«

In nicht mehr als sechs Wochen soll er dort auf dem Dach eines Gasthauses das Versepos mit dem Untertitel »Ein Sang vom Oberrhein« geschrieben haben. In vierfüßigen Trochäen gereimt, verarbeitet er darin in dichterischer Freiheit und mit vielen autobiographischen Bezügen die Geschichte des Säckinger Bürgersohns Franz Werner Kirchhofer, dem es gelang, Standesschranken niederzureißen und 1657 die Adlige Maria Ursula von Schönau zu heiraten.

Schnell war ein Verleger gefunden: Schon zu Weihnachten 1853 erschien die Erzählung bei Metzler in Stuttgart. Der Erfolg hielt sich zunächst allerdings in Grenzen, deshalb war guter Rat teuer. »In Staatsdienst geh ich nicht zurück. […] Bleibt wahrscheinlich nichts anders übrig als Privatdozent und Proletarier in Heidelberg zu werden«, hatte er schon im Juni 1853 Karl Schwanitz mitgeteilt. Nun wollte er sich mit einem rechtshistorischen Thema habilitieren.

Der Mönch und die Herrin des Hohentwiel

Beim Quellenstudium fielen ihm die »Casus sancti Galli«, eine Chronik des Schweizer Klosters Sankt Gallen für die Zeit von 870 bis 972, in die Hände, die der Mönch Ekkehard IV. verfasst hat. Von ihr ließ Scheffel sich nun wieder zur Poesie verführen: »Aus den naiven lateinischen Zeilen jener Klostergeschichten hob und baute es sich empor wie Turm und Mauern des Gotteshauses Sankt Gallen. [...] Vor allen Anderen aber trat leuchtend hervor jene hohe gestrenge Frau, die sich den jugendschönen Lehrer aus des heiligen Gallus Klosterfrieden entführte, um auf ihrem Basaltfelsen am Bodensee klassischen Dichtern eine Stätte sinniger Pflege zu bereiten.«

Im Frühjahr 1854 fuhr er nach Sankt Gallen, um, wie seine Mutter einem Bekannten mitteilte, »in der alten Klosterbibliothek Notizen zu einer Arbeit zu sammeln, die einst ein Bild geben soll vom Leben auf Schloß Hohentwiel vor tausend Jahren – zur Zeit der Herzogin Hadwig und des Abtes Ekkehard«. Von Sankt Gallen ging es dann »in schaukelndem Kahn« über den Bodensee zum Hohentwiel, wo Scheffel in der auf halber Höhe liegenden Gutswirtschaft ein Zimmer bezog. »Dort in den Revieren des schwäbischen Meeres, die Seele erfüllt von dem Walten erloschener Geschlechter, das Herz erquickt von warmem Sonnenschein und würziger Bergluft, hab ich diese Erzählung entworfen und zum größten Theil niedergeschrieben«, erklärt der Schriftsteller im Vorwort. Wieder wurde es eine Liebesgeschichte, der Roman *Ekkehard. Eine Geschichte aus dem zehnten Jahrhundert*.

Und wieder verwob und verarbeitete Scheffel die eigene Befindlichkeit und die allgemeinen Gegenwartsverhältnisse. Die

Donaueschingen, Gouache von Wilhelm Scheuchzer, 1827

Dichtung war ihm ein »kreativer Akt« auf »dem Weg zur Daseinsbewältigung«. Ekkehard fand, nach dem Verlust der geliebten Frau, die Erfüllung seines Lebens in der Berufung zum Dichter. »Sein eigenes Schicksal wurde auf diese Weise Scheffel zum schöpferischen Impuls und zur schriftstellerischen Motivation«, kommentiert Werner Wunderlich. Doch waren es nicht nur die persönlichen Krisen, die Scheffel in eine poetische Scheinwelt, in ein heiles Mittelalterbild flüchten ließen. Im *Ekkehard* spiegelt sich auch das im Bürgertum insgesamt verbreitete Gegenwartsverständnis um die nationale Identität, die »kompensatorische bürgerliche Vorstellung einer Kulturnation als Ersatz für die entgangene Staatsnation«.

Zudem spüre man in diesem Roman, so Otto Borst, »die gründerzeitliche Verstecktheit erotischer Phantasien und Sehnsüchte«: »Er hat die Leute wohl auch deshalb angezogen, weil er in die patinierte Rolle eines Geschichtspergaments packte, was man in dieser Gegenwart von Herren mit Zylindern und Damen mit Schnürbrüsten und einem ausladenden Cul de Paris hinter den Kulissen praktizierte oder verdrängte.« Ob dazu die berühmteste Szene des Romans passt, in der geschildert wird, wie Ekkehard die Fürstin über die Klosterschwelle trägt? »Aber er war unverzagten Mutes und umfaßte mit starken Armen die Herzogin, die schmiegte sich vergnüglich an ihren Träger und lehnte den rechten Arm auf seine Schulter.«

Wie *Der Trompeter von Säckingen* wurde auch der *Ekkehard* vom Publikum und den Kritikern freundlich aufgenommen, der große Durchbruch freilich blieb beiden Büchern zunächst noch versagt. Immerhin wurde Scheffel vom Fürsten Karl Egon von Fürstenberg 1857 in Donaueschingen zum Hofbibliothekar bestellt und mit dem Ordnen und Katalogisieren der großen Sammlung altdeutscher Handschriften aus dem Nachlass von Joseph Freiherrn von Laßberg beauftragt, die der Fürst nach dessen Tod 1855 erworben hatte.

Gaudeamus igitur

Zum »Lieblingsdichter des deutschen Volkes« wurde Scheffel erst durch die Publikation einer Sammlung von studentischen Kneipliedern *Gaudeamus. Lieder aus dem Engern und Weitern* 1868, dessen populärstes wohl immer noch »Die Teutoburger Schlacht« bildet.

> Als die Römer frech geworden,
> sim-se-rim-sim-sim-sim-sim,
> zogen sie nach Deutschlands Norden,
> sim-se-rim-sim-sim-sim-sim,
> Vorne mit Trompetenschall
> Tä-rä-tä-tä-tä-rä
> Ritt der Gen'ralfeldmarschall
> Tä-rä-tä-tä-tä-rä [...]

Scheffels bekanntestes Gedicht: »Als die Römer frech geworden ...« Tuschzeichnung von Harry Jaeger

Nun stiegen auch der *Trompeter* und der *Ekkehard* in der Publikumsgunst. Hatten die Romane bis dahin zusammen neun Auflagen geschafft, erlebten sie in den nächsten zwanzig Jahren nahezu dreihundert. Scheffel war Bestsellerautor geworden.

Die sich in den Gaudeamus-Liedern spiegelnde Daseinsfreude, der darin sprühende Humor steht in krassem Gegensatz zu der Lebenswirklichkeit Scheffels, der nach dem *Ekkehard* von einer Schreibblockade gequält wurde und nun 1868, nach einer doch recht kurzen produktiven Phase als Dichter, verstummte. Das über ihn dennoch im ganzen Land verbreitete Bild vom Wanderpoeten, der in der Landschaft und eins mit der Natur dichtet, orientierte sich an seinen meist schon in der Studentenzeit entstandenen Gedichten, die sich bestens als Trinklieder eigneten:

> Wohlauf die Luft geht frisch und rein,
> Wer lange sitzt, muß rosten;
> Den allerliebsten Sonnenschein
> Läßt uns der Himmel kosten.

> Jetzt reicht mir Stab und Ordenskleid
> Der fahrenden Scholaren,
> Ich will zur guten Sommerszeit
> In's Land der Franken fahren! [...]

In Wirklichkeit aber flüchtete sich der Dichter unstet und ruhelos in ausgedehnte Wanderungen, geriet zunehmend trotz größtem Erfolg und höchster Anerkennung – zum 50. Geburtstag wurde er in den Adelsstand erhoben – in immer tiefere Isolation. Die letzten Jahre seines Lebens verbrachte der »Meister Josephus vom dürren Ast«, wie sich Scheffel gelegentlich selbst nannte, in Radolfzell, einem »stillen und sicheren Ankergrund für die letzte Phase seines Erdenwallens«.

Ob man Victor Scheffel zu den Romantikern zählen darf, ist nicht unumstritten. Die einen schauen auf seine Lebensdaten, geben zu bedenken, dass er erst im Todesjahr von Johann Peter Hebel geboren wurde, sein Werk doch allzu gefällig, trivial, oberflächlich, zu wenig poetisch, allenfalls »Butzenscheibenlyrik« sei. Andere können darauf verweisen, dass sich sein Werk, seine lyrischen und epischen

Scheffel als Wanderer am Hohentwiel, nach einer Zeichnung von Anton von Werner, 1882

Texte auf romantische Stoffe und Themen stützen, auf einem romantischen Geschichtsverständnis gründen und – wie Fritz Martini meint – »aus romantisierender Perspektive« geschrieben sind.

Scheffel selbst sah sich eher als Epigone, womit er sich in die Grundstimmung einer ganzen Generation einreiht. »Ach, ich bin ein Epigone«, lässt Scheffel seinen Trompeter klagen, der nun kein Liebeslied mehr spielt. Und in einem Brief Scheffels an Ludwig Uhland vom 8. Januar 1855, also nur wenige Monate, nachdem sein *Trompeter von Säckingen* erschienen war, kann man lesen: »In unserer Epigonenzeit, wo in allen Gebieten der Kunst so nah an das Höchste schon gearbeitet ist, stellt man sich billig die Frage, ob nicht das Schweigen Gold, das andere nur Silber sei.«

Vor allem in Säckingen genießt Scheffel noch immer eine große Popularität. Zwar wurde das monumentale, 1901 für 25 000 Reichsmark auf dem Münsterplatz errichtete Scheffeldenkmal 1941/42 zerstört, der vor der Scheffelbüste stehende

Prozession zum Fridolinstag. Holzschnitt, um 1880

bronzene Trompeter im wehenden Mantel fiel einer kriegsbedingten »Metallspende« zum Opfer, doch kann man bei einem Stadtrundgang noch allerlei Zeugnissen einstiger und heutiger Erinnerungskultur begegnen.

Im Schlosspark ist die alte Büste auf der granitenen Stele ebenso anzutreffen wie seit 1976 ein neuer, nun allein stehender Trompeter. Seit 1978 erinnert der Hiddigeigeibrunnen zwischen Rathaus und altem Hof an den von Scheffel im *Trompeter* verewigten Kater. Wer mehr über Scheffel und seine Beziehung zu Säckingen erfahren möchte, kann sich dem Nachtwächter anschließen, der abends bei Dämmerung durch die Straßen der Stadt zieht, oder das Schloss Schönau besuchen, das nicht nur über einen eigenen Scheffelraum verfügt, sondern seit 1985 auch über eine kostbare Trompetensammlung.

Wer einfach so durch die Stadt streifen und Scheffel begegnen möchte, sollte dessen Säckinger Episteln zur Hand nehmen, die ausgesprochen unterhaltsam sind, und dort nachlesen, was er über die Stadt geschrieben hat, über deren Ambiente und Menschen, das Gasthaus »Zum Knopf« oder über das Fridolinsfest und die 1347 erstmals schriftlich erwähnte Prozession, die noch immer jedes Jahr am Sonntag nach dem 6. März stattfindet. »So glücklich wie Säckingen ist kaum eine zweite Stadt; es fand einen Heiligen und einen Dichter für seinen Ruhm«, meinte deshalb Reinhold Schneider.

Zum Pflichtbesuch aller Scheffelfreunde gehört natürlich auch ein Spaziergang mit dem *Ekkehard* hoch zum Hohentwiel. Und wer schon am Bodensee ist, sollte dann doch auch noch nach Radolfzell fahren, wo sich Scheffel 1872 die Villa Seehalde erbaut und 1876 das Mettnaugut gekauft hat, heute samt »Scheffelschlösschen« im Besitz der Gemeinde. Und natürlich könnte man auch noch nach Sankt Gallen hinüber fahren, das Kloster und seine Bibliothek besichtigen, von wo die ganze *Ekkehard*-Geschichte ausging.

*»Feldbergs lieblichi Tochter
Im verschwigene Schooß der Felse haimli gibore«*

Johann Peter Hebel und sein Wiesental

Das kleine, 32 Stücke umfassende Werk *Allemannische Gedichte. Für Freunde ländlicher Natur und Sitten* hat Johann Peter Hebel, Professor am Gymnasium illustre in Karlsruhe, gewissermaßen über Nacht bekannt und berühmt gemacht. »Der Verfasser dieser Gedichte, die in einem Oberdeutschen Dialekt geschrieben sind, ist im Begriff sich einen eignen Platz auf dem Deutschen Parnaß zu erwerben«, meinte Goethe in seiner Buchbesprechung. Der Autor war beim Erscheinen der Gedichte 43 Jahre alt und bislang als Dichter noch nicht hervorgetreten. Schwierig war es, für das Werk, das er nach einer Urlaubsreise in den Schwarzwald 1799 in wenigen Monaten geschrieben hatte, einen Verleger zu finden. Hebel hat es schließlich auf eigene Kosten in einer Auflage von 1200 Stück beim Hofbuchhändler Macklot in Karlsruhe 1803 drucken lassen. Als Urheber hält er sich bescheiden, vielleicht auch ängstlich und vorsichtig zurück: Das Buch erscheint anonym. Auf dem Titelblatt ist statt des Autorennamens ein leicht veränderter Vers Vergils zu lesen: »Sylvestrem tenui musam medi-

Johann Peter Hebel. Pastell von Philipp Jakob Becker, 1795

Illustration von Ludwig Richter zum Gedicht »Die Wiese«, aus Hebels *Allemannischen Gedichten*, 1872

tabor avena« (In der ländlichen Dichtung will ich mit schmächtiger Flöte mich üben). Und auf dem Widmungsblatt stehen lediglich Hebels Initialen J. P. H.

Die Verse wurden nicht nur von Goethe begeistert aufgenommen. »Die allemannischen Gedichte haben mir über 600 Gulden eingetragen. [...] Noch größer ist die Ehre, die ich von diesen Liedern habe. Es waren berühmte sächsische Gelehrte in Heidelberg, die ihnen, ob sies gleich nur halb verstehen können, großes Lob beilegen und große Stellen auswendig deklamieren. Einer davon, namens Tieck, der dermalen in der gelehrten Welt großes Aufsehen macht, will sie sogar übersetzen«, schrieb

Hebel im August 1803 an Gustave Fecht. Schon 1804 folgte eine zweite Auflage, bald war eine dritte und vierte notwendig. Das Buch entwickelte sich zu einem Bestseller.

Entstanden sind die Gedichte aus der ungestillten Sehnsucht Hebels nach Basel und dem badischen Oberland, nach Hausen im Wiesental, nach der Landschaft und den unwiederbringlichen Tagen der Kindheit.

Das Eingangsgedicht »Die Wies« führt in die Heimat des Dichters, bezieht sich auf den Fluss gleichen Namens, verfolgt dessen Lauf von der Quelle am Fuß des Feldbergs über Todtnau, Hausen, Schopfheim, Lörrach, Brombach bis zur Rhein-Mündung in Basel. »Ein kleiner Fluß«, so heißt es bei Goethe, »ist als ein immer fortschreitendes und wachsendes Bauernmädchen vorgestellt […]. Das Detail dieser Wanderung ist außerordentlich artig, geistreich und mannichfaltig, und mit vollkommener, sich selbst immer erhöhender Stätigkeit ausgeführt.«

[…] Feldbergs lieblichi Tochter […]

Im verschwigene Schooß der Felse haimli gibore,
vo de Wulke gsäugt mit Duft un himmlischem Rege,
schloofsch, e Bütschelichind, in dym verborgene Stübli
haimli, wohlverwahrt. No nie henn menschlichi Auge
güggele dörfen un seh, wie schön my Maideli do lyt
im christalene Ghalt un in der silberne Wagle; […]

Aber wi de gohsch, würsch allewiil größer un schöner.
Wo dy lieblichen Odem wäiht, se färbt si der Rase […]

»Ich bin von armen, aber frommen Eltern geboren, habe die Hälfte der Zeit meiner Kindheit bald in einem einsamen Dorf, bald in den vornehmen Häusern einer berühmten Stadt zugebracht. Da habe ich früh gelernt, arm sein und reich sein. Wiewohl ich bin nie reich gewesen; ich habe gelernt, nichts haben und alles haben, mit den Fröhlichen froh sein und mit den Weinenden traurig«, so beschreibt der 60-jährige Hebel seine Jugend in dem Fragment *Nie gehaltene Antrittspredigt vor einer Landgemeinde 1820.*

Kindheitswelten und Heimweh

Geboren wurde Johann Peter Hebel am 10. Mai 1760 in Basel, wo die Eltern im Sommer als Bedienstete im Landgut der Patrizierfamilie Iselin-Ryhiner arbeiteten. Den Winter verbrachte die Familie – der Vater arbeitete dann als Leineweber – im markgräflich-badischen Hausen im Wiesental, wo die Mutter herstammte und das obere Stockwerk eines Bauernhauses als Erbteil erhalten hatte. Diesen Wechsel von Stadt und Land im Sommer und Winter hielt die Mutter auch nach dem Tod des schon im Juli

Hebels Wohnhaus in Hausen im Wiesental, Bleistiftzeichnung von Gustav Wilhelm Friesenegger, um 1825

1761 überraschend verstorbenen Vaters bei. So wuchs Johann Peter als Stadt- und Bauernbub auf. Sommers ging er in Basel und winters in Hausen zur Schule. Dieser Wechsel blieb zunächst auch mit dem Übergang auf die »vornehmere« Schule bestehen. Im Sommer besuchte er das Gymnasium in Basel, im Winter die Lateinschule in Schopfheim. 1773 blieb Johann Peter dann aber auch im Sommer in Schopfheim, wo er die Lateinschule abschließen sollte. Da erreichte ihn im Herbst ein Hilferuf der Mutter, sie sei krank und wolle nach Hause. Auf dem Heimweg starb sie am 16. Oktober zwischen Brombach und Steinen auf einem Ochsenkarren im Beisein ihres Sohnes. Johann Peter ist nun, als 13-Jähriger, Vollwaise, ein »übrig gebliebenes Fast-noch-Kind«.

In seinem Gedicht »Die Vergänglichkeit. Gespräch auf der Straße nach Basel, zwischen Steinen und Brombach, in der Nacht«, einem Zwiegespräch zwischen Vater und Sohn, einem der »ewigen, großen Gedichte der Weltliteratur«, wie es Jacob Burckhardt nannte, verarbeitet er später das traumatische Erlebnis: Auf die Frage nach der Vergänglichkeit der Dinge antwortet der Vater mit einer Vision des Weltuntergangs.

Der Bueb sait zuem Ätti:

Fast allmool, Ätti, wenn mer's Röttler Schloß
So vor den Auge stoht, se denk i dra,
öb's üüsem Huus echt au emool so goht.
Stoht's denn nit dört so schuudrig wie der Tod
Im Basler Totetanz? Es gruuset aim,
wie länger as me's bschaut. Un üüser Huus,
es sitzt jo wie ne Chilchli uf em Berg,
un d'Fenster glitzeren, es isch e Staat.
Schwätz, Ätti, goht's em echterst au no so?
I main emool, es chönn schier gar nit sii.

Der Ätti sait:

Du guete Burst, 's cha friili sii, was mainsch?
's chunnt alles jung un neu, un alles schliicht
im Alter zue, un alles nimmt en End,
un nüt stoht still. Hörsch nit, wie's Wasser ruuscht,
un sihsch am Himmel obe Stern an Stern?
Me maint, vo alle rüehr si kain, un doch
ruckt alles wyters, alles chunnt un goht. [...]

Nach dem Tod der Mutter wurde der elterliche Besitz versteigert. Der Erlös und die Hilfe von Gönnern ermöglichten Johann Peter die Fortsetzung der Schulausbildung mit dem Ziel eines Theologiestudiums. Nach der vorzeitigen Konfirmation kommt er nach Karlsruhe, der 1715 gegründeten badischen Residenzstadt. Am 26. April 1774 wird er, erstmals Schuhe tragend, so erzählt man sich, im dortigen Gymnasium illustre aufgenommen. In Karlsruhe macht er schließlich nach einem Studium in Erlangen und einer Zeit als Lehrer in Lörrach Karriere: 1791 wird er am Gymnasium illustre Subdiakon, 1798 Professor, 1808 Direktor, 1819 Prälat der Evangelischen Landeskirche und Mitglied des Landtages. Am 22. September 1826 stirbt er auf einer Dienstreise in Schwetzingen, dort liegt er auch begraben.

Sein Leben lang hat er sich nach dem Land der Kindheit gesehnt. Ach, wenn er sich nur den Himmel, »oder was mir für iezt noch ebenso lieb wäre, einen stillen traulichen Ruhesitz im Oberlande verdienen könnte«, seufzte er in einem Brief an Gustave Fecht vom 19. Februar 1792. Und dem Hausener Bergwerksinspektor Herbster beteuert er in einem Brief vom 14. Dezember 1800: »Es ist für mich wahr und bleibt für mich wahr, der Himmel ist nirgends so blau, und die Luft nirgends so rein, und alles so lieblich und so heimlich als zwischen den Bergen von Hausen.« »An einem friedlichen Landorte, unter redlichen Men-

Illustration von Ludwig Richter zum Gedicht »Die Vergänglichkeit«, aus Hebels *Allemannischen Gedichten*, 1872

schen als Pfarrer zu leben und zu sterben, war alles, was ich wünschte«, heißt es im Rückblick von 1820. Und noch als 63-Jähriger schreibt er: »Wenn nur das große Los einmal käme, dass ich mir in Hausen ein Häuslein neben dem Jobbek Friederli bauen und alle Wochen einmal mit meinen Schimmeln, die ich aber noch nicht hab, nach Weil fahren könnte. Im Winter wohnte ich in Basel.«

Die Liebe zur Heimat, die Sehnsucht nach der Kindheitswelt, das Heimweh, das Hebel sein ganzes Leben lang begleitete, umfasste die Landschaft, die naturräumlichen Gegebenheiten und die Menschen, ihre Lebensweisheiten, ihr Denken und Fühlen, ihre Sprache. Daraus entstand und wuchs sein Bedürfnis, sich im Dialekt, in der Mundart der Mutter, in seiner Muttersprache auszudrücken, in ihr zu dichten. Auf die Frage Straßburger

Freunde, ob sie ihre Kinder zuerst deutsch oder französisch lernen lassen sollten, antwortete Hebel: »Lehren Sie sie zuerst die angeborene Muttersprache und am liebsten im häuslichen heimatlichen Dialekt sprechen, mit der fremden ist's noch lange Zeit. Mit dem Sprechen empfangen wir in der zarten Kindheit die erste Anregung und Richtung der menschlichen Gefühle in uns und das erste verständige Anschauen der Dinge außer uns, was den Charakter auf immer bestimmen hilft.«

Weltliteratur in alemannischer Sprache und badische Identität

Johann Peter Hebel, Altersbild als Oberkirchenrat in Karlsruhe

Hebel hat in seinen Gedichten die Klangkraft der Mundart, den Reichtum an Bildern, an Worten, die Vielfalt der Schattierungen, wie sie nur der Dialekt aufweist, meisterlich verarbeitet. Er macht anschaulich, hörbar, dass der Dialekt, »die Bauernsprache« eine hohe poetische Qualität besitzt. Die *Allemannischen Gedichte* sind eben mehr als »Heimatliteratur«. Sie sind Weltliteratur in alemannischer Sprache. Probleme macht die Niederschrift, machen die Schriftzeichen. Sie geben nur mühsam, armselig, halbwegs und annähernd die Laute der Muttersprache wieder. Wie wollen sie deren Vokalreichtum zum Klingen bringen? Man muss die Gedichte laut lesen oder, sofern man Hebels Sprache nicht beherrscht, sich vorlesen lassen. Hörbücher helfen heute, erleichtern, gewähren einen Zugang.

Bei Gedichten kommt es sowieso eher aufs Hören als aufs Lesen an. Beim Vorlesen hört man, dass diese Gedichte nicht nur dem Klang nach komponiert sind. Man erfasst auch ihren Rhythmus. Deutlich wird, dass »Die Wiese« in klassischen Hexametern verfasst ist und »Die Vergänglichkeit« in den Blankversen des klassischen Dramas.

Die Hebelschen Gedichte ließen nicht nur das literarisch interessierte Publikum aufmerken. Sie erzielten, von ihrem Autor völlig unbeabsichtigt, eine enorme politische Wirkung. Sie wurden zu einem bedeutsamen Identifikationsfaktor für das zwischen 1802 und 1806 neu geschaffene Land Baden. Aus der Markgrafschaft war durch Napoleons Willen und Gnaden das Großherzogtum geworden, ein Konglomerat verschiedenster Herrschaften, bestehend aus den altbadischen Territorien und den nun neu hinzugekommenen ehemaligen Klosterstaaten, Reichsstädten, Fürstentümern und Rittergütern. Zur neuen Heimat wurde dieses Baden für Katholiken, Lutheraner, Reformierte, Calvinisten, Juden. Das einst österreichische Freiburg und der Breisgau gehörten nun ebenso dazu wie die Kurpfalz und Heidelberg. Doch es musste erst zusammenwachsen, was da zusammengekommen war. Und Hebels Gedichte (zusammen mit seinen Erzählungen des *Rheinischen Hausfreunds*) machten alle – Österreicher, Reichsstädter, Fürstenberger – zu Alemannen, schufen ein »Alemannisches Stammesbewusstsein«.

Gedächtnisstätten im Wiesental und in Basel

Die Erinnerung an Johann Peter Hebel halten am Oberrhein mehrere Orte wach. In Schopfheim, wo er zur Schule ging, findet man eine Büste und eine Gedenktafel an der alten Lateinschule, Torstraße 3; in Hertingen, wo er vom Dezember 1780 bis zum März 1783 als Hauslehrer eine erste Anstellung hatte, eine Gedenktafel am Pfarrhaus. In Brombach gibt es einen Gedenkstein für Hebels Mutter, in Hauingen erinnert eine Tafel in der Kirche an die Trauung von Hebels Eltern. Zu den Hebelorten zählen vor allem Hausen, Lörrach und Basel.

Auch wenn man vieles, was Hebel in seinen Gedichten beschreibt, im Wiesental heute suchen muss, manches gar der »modernen Zeit« zum Opfer gefallen ist, noch immer lohnt sich eine Reise entlang der Wiese von deren Quelle am Südwesthang des Seebucks bis zur Mündung in den Rhein bei Basel. Lebendig wird vergangene Geschichte – katholisches Vorderösterreich am Oberlauf, wo der Fluss »an mengen Chrütz, an menger Kapelle« vorbeikommt, dann das Markgräfler Land, wo die Wiese »de Glaube schangiert«, ihre Konfession wechselt, mit Hausen, Schopfheim, Rötteln und schließlich Basel. In Hausen sollte man sich die Hebelbüste vor der Kirche anschauen und dann vor allem das Hebelhaus besuchen. 1850 hat die Schopfheimer »Lesegesellschaft zum Pflug« das obere Stockwerk kaufen können, 1875 konnte das übrige Haus erworben werden, das nun Eigentum der Gemeinde ist. Zum 200. Geburtstag des Dichters im Jahr 1960 wurde das denkmalgeschützte Haus renoviert und die originalgetreu erhaltene Wohnung der Familie Hebel der Öffentlichkeit zugänglich gemacht. Neuerdings, Hebels 250. Geburtstag steht an, werden Erweiterungspläne diskutiert.

Noch immer kann man an der Stirnseite des Hauses den Vers lesen: »Wann Näid und Haß brent / Wie Ein feür Wär Holz und / Kohlen Nicht So theür. U. 1763 H.«, den der aus der Pfalz stammende Johann Jakob Hebel, Vater des Dichters, verfasst und den Ursula Hebel zwei Jahre nach dem Tod ihres Mannes dort hat anbringen lassen. Und noch immer treffen sich, wie die am 100. Geburtstag des Dichters ins Leben gerufene Hebelstiftung 1860 bestimmt hat, alljährlich am 10. Mai bestimmte ausgewählte Basler und Hausener Bürger zum »Hebelmähli«, zu einem »einfachen Mal« mit Wein und Kaffee und Kuchen auf Kosten der Stiftung.

Burg und Dorf Röttelnmit dem Wiesental, Ölgemälde von Helmut Reichelt, um 1830

In Lörrach, wo Hebel vom Mai 1783 bis zum November 1791 am Pädagogium als Lehrer tätig war, sollte man das »Museum am Burghof« besichtigen, das seit 1982 eine informative und überaus anschauliche Ausstellung »Johann Peter Hebel im Markgräflerland« besitzt. Dort kann man sich dann auch inspirieren lassen für eine weitere literarische Spurensuche etwa in Grenzach, wo er aushilfsweise von Lörrach aus den Gottesdienst versah, oder in Weil am Rhein, wo Gustave Fecht begraben liegt.

Begegnen kann man Johann Peter Hebel vor allem auch in Basel. Vor dem Sankt Peterstor lag das Landgut der Familie Iselin, wo Johann Peters Eltern in Diensten waren, in der Basler Peterskirche wurde er getauft, am Münsterplatz besuchte er das Gymnasium und sein Geburtshaus am Totentanz Nr. 2 trägt über dem Türsturz mit dem alten Baudatum 1555 eine schlichte

Basler Totentanz, Aquarell von Emanuel Büchel, 1773

Tafel: »I. P. Hebel. Hier geboren X Mai MDCCLX«. Wer den berühmten Totentanzzyklus sucht, der dieser Straße ihren Namen gegeben hat und den Hebel in seinem Gedicht »Die Vergänglichkeit« eindringlich beschwört, wird ihn nicht mehr finden. Die ihn beherbergende Mauer an der Peterskirche wurde schon Anfang des 19. Jahrhunderts abgerissen, nur noch Fragmente sind im Historischen Museum erhalten. Doch besitzt das Basler Kunstmuseum hervorragende Aquarelle, in denen Emanuel Büchel den Totentanz 1773 festhielt. Unzerstörbar ist das Denkmal, das Hebel seiner Geburtstadt mit der »Basler Nationalhymne« gesetzt hat:

Erinnerung an Basel

Z'Basel an mym Rhii,
jo, dört möchte i sii!
Wäiht nit d'Luft so mild un lau,
un der Himmel isch so blau
an mym liebe Rhii.

In der Münsterschuel
uf mym herte Stuehl
mag i zwor jetz nüt meh ha;
d'Tööpli stöhn mer nümmen a
in der Basler Schuel.

Aber uf der Pfalz
Alle Lüte gfallt's.
O wie wechsle Berg un Tal,
Land un Wasser überal
Vor der Basler Pfalz!

Uf der braite Bruck,
fürsi hi un zruck,
nai, was siht me Heere stoh,
nai, was siht me Jumpfere goh
uf der Basler Bruck! [...]

»Stilles Denkmal längst verstummten Lebens«

Kloster Hirsau im Schwarzwald

»In einem der lieblichsten Thäler des Schwarzwaldes, das freie Aussichten in Seitenthäler gestattet, zwischen Bergen voll Laubholz, das in malerischen Gruppen sich stellt, lag dieses Kloster, dessen Trümmer von seiner ehemaligen Größe zeugen.« Nach diesem romantischen Einstieg erzählt Justinus Kerner die Legende der ersten Stiftung durch die reiche, fromme Witwe Helizina, einer Verwandten der Edlen von Calw, die Gott um einen Wink gebeten haben soll, »wie sie ihre zeitlichen Güter ihm wohlgefällig verwenden könne«. Eines Nachts träumte sie von einem einsamen Tal, über dem eine Kirche in den Wolken schwebte und unten auf der Erde drei Fichtenbäume aus nur einem Stamm wuchsen, und sie hörte eine Stimme:

> [...] Dies Gotteshaus, du fromme Braut,
> Sei, wo die Bäume stehen,
> In bestem Grund von dir gebaut,
> Nimm's aus geweihten Höhen! [...]

Die Frau fand das Zeichen in dem ihr fremden Tal der Nagold, und an dieser Stelle wurde angeblich zunächst das Kirchlein Sankt Nazarius und dann das erste Kloster gebaut, von dem heute noch die Aureliuskirche steht.

Im Klostermuseum daneben ist die gesamte, über 1000-jährige Geschichte dokumentiert. Unter Abt Wilhelm von Hirsau wurde auf der anderen Nagoldseite um 1090 das Benediktiner-Kloster Sankt Peter und Paul errichtet, dessen Ausmaße uns noch ebenso beeindrucken wie die Reisenden zu Beginn des 19. Jahrhunderts. Die Wirkung der Anlage entsteht gerade

Kloster Hirsau, kolorierter Stahlstich von Louis Mayer aus Gustav Schwabs *Wanderungen*, 1837

durch den Kontrast von erhaltener Marienkapelle und hoch aufragendem Eulenturm und den bis auf die Grundmauern zerstörten romanischen Klostergebäuden sowie dem wie ausgehöhlt wirkenden Renaissanceschloss Herzog Ludwigs. Wie Heidelberg war auch Hirsau im Pfälzischen Erbfolgekrieg durch die Truppen des Generals Melac zerstört worden.

Gustav Schwabs Faszination angesichts der Klosterruine hatte einen biografischen Hintergrund, wie er in seinen *Wanderungen durch Schwaben* verrät:

»Ich aber, der Berichterstatter, werfe noch einen Blick voll eigentümlicher Wehmut auf diese Ruinen […]: Im J. 1692, gerade hundert Jahre vor meiner Geburt, wurde der dreijährige Sohn des Klosterbeamten aus den flammenden Gebäuden von den flüchtenden Eltern getragen. Das Kind ward ein achtzigjähriger Greis und war der mütterliche Großvater meiner längst auch ruhenden Mutter, die ihm als kleines Mädchen noch oft die Locken des schneeweißen Hauptes gescheitelt hat.«

Während Schwab das Nagoldtal als »eines der bescheideneren Täler des württembergischen Schwarzwaldes« charakterisierte, musste Justinus Kerner, der einen Teil seiner Kindheit im Kloster Maulbronn im Salzachtal verbracht hatte, die Hirsauer Topografie geradezu lieblich erscheinen.

Im Januar 1811 hatte er sich als Badearzt in Wildbad niedergelassen und erwog – nachdem sein *Reiseschatten* im Druck und eine Farce *Der Bärenhäuter im Salzbade* fertig geschrieben war –, einen Roman über das Kloster Hirsau zu verfassen. Dazu kam es zwar nicht, aber die dort recherchierten Informationen verwendete er in seinem Buch über *Das Wildbad im Königreich Württemberg. Nebst Nachrichten über die benachbarten Heilquellen Liebenzell und Teinach und das Kloster Hirsau* (so der Titel der verbesserten und vermehrten 4. Auflage 1839).

Von dem damaligen Hirsauer Pfarrer wurde er in die Bruderhöhle geführt, einem bis heute verwunschenen Ort oberhalb des Städtchens. Mörikes »Märchen vom sichern Mann« könnte hier angesiedelt sein. Ein Spaziergang zu dem Ort lohnt sich, ebenso wie eine einsame Ruhepause in der wochentags meist menschenleeren Ruine, diesem »stillen Denkmal längst verstummten Lebens«, wie Christian Gottlob Barth schrieb. Im Sommer ist dieses pittoreske Ambiente Kulisse für die Hirsauer Klosterfestspiele.

Als Ludwig Uhland im Januar 1811 auf seiner Heimreise von Paris bei Kerner Station machte, war ihm die Geschichte Hirsaus (oder Hirschaus, wie man damals sagte) bereits aus der Beschreibung Gotthold Ephraim Lessings bekannt. Dieser hatte über einen Zusammenhang zwischen den berühmten Glasfenstern im Kreuzgang und dem Bildprogramm der *Biblia Pauperum* reflektiert. Uhland verfasste sogar ein Gedicht, das seinen Impetus der romantischen Wiederentdeckung des Mittelalters anklingen lässt. Kerner hat das Gedicht »Hirsau« später in sein Wildbad-Buch aufgenommen.

In den Zellen und Gemachen
Sitzen fünfzig Klosterbrüder,
Schreiben Bücher mannigfalt,
Geistlich, weltlich, vieler Sprachen,
Predigten, Geschichten, Lieder,
Alles farbig ausgemalt.

In der letzten gegen Norden
Sitzt ein Greis mit weißen Haaren,
Stützt die Stirn auf seine Hand.
Schreibt sodann: »Des Feindes
    Horden
Brechen ein nach sieben Jahren,
Und das Kloster steht in Brand.

Ludwig Uhland, Gemälde von Gottlob Wilhelm Morff, 1818

Liebliche Bilder, wunderbarer Schauer

In seiner berühmten Ballade »Der Ueberfall im Wildbad« lässt Ludwig Uhland Graf Eberhard den Greiner auf dem Weg von Stuttgart hier Station machen: »Zu Hirsau bei dem Abte da kehrt der Ritter ein / Und trinkt bei Orgelschalle den kühlen Klosterwein.«

Aber: »Die Romantik ist nicht bloß ein phantastischer Wahn des Mittelalters«, heißt es schon in Uhlands 1807 im *Sonntagsblatt* veröffentlichten Aufsatz »Über das Romantische«, »sie ist hohe, ewige Poesie, die im Bilde darstellt, was Worte dürftig oder nimmer aussprechen, sie ist das Buch seltsamer Zauberbilder«.

Und an anderer Stelle: »Auch die Natur hat ihre Romantik. Blumen, Regenbogen, Morgen- und Abendrot, Wolkenbilder, Mondnacht, Gebirge, Ströme, Klüfte usw. lassen uns teils in lieblichen Bildern einen zarten, geheimen Sinn ahnen, teils erfüllen sie uns mit wunderbarem Schauer.«

> Noch ahnt man kaum der Sonne Licht,
> Noch sind die Morgenglocken nicht
> im finstern Tal erklungen.
>
> Wie still des Waldes weiter Raum!
> Die Vöglein zwitschern nur im Traum,
> Kein Sang hat sich erschwungen.
>
> Ich hab' mich längst in's Feld gemacht,
> Und habe schon dies Lied erdacht
> Und hab' es laut gesungen.

Sein »Morgenlied« vom Herbst 1811 könnte durchaus während einer Wanderung mit Gustav Schwab in diesem Jahr entstanden sein. Auch wenn die Anekdote, dass justament nach Uhlands Rezitation die Hirsauer Morgenglocken läuteten und der Gipfel der im Lichte der Morgensonne aufleuchtenden Ulme das Klostergemäuer und die Schlossruine überragte, eher hübsch erfunden klingt.

Dass das Gedicht »Der Ungenannten« sich jedoch geografisch auf den Nordschwarzwald bezieht, ist denkbar. Fest steht, dass Ludwig Uhland es seiner späteren Frau Emilie, genannt Emma, zu ihrem 20. Geburtstag gewidmet hat. Eine Strophe daraus lautet:

> Auf eines Berges Gipfel,
> Da möcht ich mit dir stehn,
> Auf Thäler, Waldeswipfel
> Mit dir herniedersehn;
> Da möcht' ich rings dir zeigen
> Die Welt im Frühlingsschein
> Und sprechen: wär's mein eigen,
> So wär' es mein und dein!

Emilie Vischer stammte aus Calw. Sie wurde 1799 im Palais Vischer, das ihr Vater, der Chef der Floß- und Holzhandelscompagnie erbaut hatte, geboren. Nach seinem frühen Tod wuchs sie in Stuttgart mit ihrer Mutter und dem Stiefvater auf. Den jungen Advokaten Ludwig Uhland lernte sie deshalb nicht an der Nagold, sondern als Studienfreund ihres Schwagers im Haus der älteren Schwester kennen.

Emilie Uhland, geborene Vischer, als Braut. Miniatur von Johann Michael Holder, 1819

Uhlands Gedicht an die Braut kennzeichnet mit dem »mein und dein« schon die spätere, offenbar immer harmonische Ehe. Emilie ermöglichte ihm durch ihre begüterte Herkunft eine finanziell unabhängige schriftstellerische und politische Arbeit. Sie hatte Anteil an seinem Werk und begleitete ihn auf vielen Reisen an den Rhein und den Bodensee, durch die Schweiz, nach Bayern und Straßburg, bis hin an die Nord- und Ostsee. Sie war mit ihm in Frankfurt, wo sie die Arbeit der Nationalversammlung verfolgte, und später sogar bei den ersten Germanistentagen in Frankfurt und Lübeck dabei.

Während Trennungen schrieben sie sich lange Briefe voller anschaulicher Berichte – oder besorgt: »Liebste Emma! Klettre mir nur nicht allzukühn und einsam in Burgen und Wäldern umher.« Die Warnung bezieht sich vermutlich auf den Schwarzwald, denn sie weilte öfter bei ihrem Bruder Gustav in Calw oder zur Kur in Liebenzell. Auch sein kleines Gedicht »Heimkehr« denkt man sich von unterwegs an die Ehefrau gerichtet:

> O brich nicht Steg, du zitterst sehr,
> O stürz' nicht Fels, du dräuest schwer,
> Welt, geh' nicht unter, Himmel, fall' nicht ein,
> Bis ich mag bei der Liebsten sein!

Die Ulme von Hirsau, Holzschnitt nach Gustav Cloß, 1869

Nach dem Tod Uhlands im Jahr 1862 veröffentlichte Emilie Uhland – ausgehend von ihrer Erinnerung sowie der eigenen wie fremden Korrespondenz – seine Biografie.

Das Buch *Ludwig Uhlands Leben*, »zusammengestellt von seiner Wittwe«, erschien zuerst anonym 1874 bei Cotta und ist ein ungewöhnliches Denkmal, das eine jahrzehntelange tiefe Liebe und vor allem eine große Bildung verrät.

Natürlich können wir Hirsau nicht ohne Ludwig Uhlands berühmtes Gedicht aus dem Jahr 1829 verlassen, zumal die Ulme 1989 gefällt werden musste. Damit ist Schwabs Bemerkung wahr geworden: »Aus den hohen Mauern der Schlossruine strebt eine schlanke Ulme empor, die unsterblich bleiben wird, weil Ludwig Uhland sie besungen hat.«

Dem gleichzeitig fortschrittlich denkenden und dem alten Recht verhafteten Politiker und Dichter ging es dabei nicht nur um den Baum in der Ruine: Mit seinen Metaphern und der Anspielung auf Wittenberg schuf er eine Analogie zur Reformation.

Die Ulme zu Hirsau

Zu Hirsau, in den Trümmern,
Da wiegt ein Ulmenbaum,
Frischgrünend seine Krone
Hoch über'm Giebelsaum.

Er wurzelt tief im Grunde
Vom alten Klosterbau,
Er wölbt sich statt des Daches
Hinaus ins Himmelsblau.

Weil des Gemäuers Enge
Ihm Lust und Sonne nahm,
So trieb's ihn hoch und höher,
Bis er zum Lichte kam.

Es ragen die vier Wände,
Als ob sie nur bestimmt,
Den kühnen Wuchs zu schirmen,
Der zu den Wolken klimmt.

Wenn dort im grünen Thale
Ich einsam mich erging,
Die Ulme war's, die hehre,
Woran mein Sinnen hieng.

Wenn in dem dumpfen, stummen
Getrümmer ich gelauscht,
Da hat ihr reger Wipfel
Im Windesflug gerauscht.

Ich sah ihn oft erglühen
Im ersten Morgenstrahl;
Ich sah ihn noch erleuchtet,
Wann schattig rings das Thal.

Zu Wittenberg, im Kloster,
Wuchs auch ein solcher Strauß
Und brach mit Riesenästen
Zum Klausendach hinaus.

O Strahl des Lichts! du dringest
Hinab in jede Gruft.
O Geist der Welt! du ringest
Hinauf in Licht und Luft.

»Baden ist sehr stark und dort die große Welt«

Kuren und flanieren in Baden-Baden

»Ich stieg aus dem Wagen, als ein Freund von mir eben in den seinen steigen wollte. Wohin? rief ich ihm zu. – Nach Baaden, war die Antwort, und fort gings. Ich besuche einen alten Bekannten, und finde ihn beym Einpacken. Sie verreisen? – Ja. – Wohin? – Nach Baaden. – Auf der Straße eilt mir höchst geschäftig ein anderer in die Arme, und ruft: ach! daß Sie jetzt ankommen, da ich aufs schnellste fort muß, um noch Platz zu erhaschen; Sie können nicht glauben, wie voll es ist, und wie dringend man mir schreibt, keine Zeit zu verlieren. – Ja, wo denn, von was sprechen Sie denn? – Mein Gott, wie kann man von etwas andern sprechen als von Baaden; leben Sie wohl, ich eile. – Fort war er.

Wenn denn die ganze Welt nach Baaden geht (dachte ich), so kannst du ja auch Deinen Wanderstab dahin richten. Das schöne Geselligkeitsleben eines besuchten Bades, so manche froh durchlebte Stunde schwebte mir vor, und voll der Hoffnung, dieses alles in Baaden in hohem Grade wieder erneuert zu genießen, überließ ich mich den sorgenden Händen der Postillone, die mich auch glücklich am Badischen Hofe absetzten.«

Carl Maria von Weber, der auch literarisch tätige Komponist, erzählt

Carl Maria von Weber, Radierung von A. M. Payne

Konversationshaus mit Promenade in Baden-Baden. Aquarell von Carl Ludwig Frommel, um 1830

dies (unter dem Pseudonym Melos) in Cottas *Morgenblatt für gebildete Stände* im August 1810 und notiert ebenso launig, wie voll es dann in Baden-Baden war: »Gelegentlich musste man sogar mit einem einfachen Strohlager vorlieb nehmen oder sich das Bett mit jemandem teilen.«

Allerdings äußert er sich enttäuscht darüber, dass die große Anzahl der Badegäste keine Gemeinsamkeit zulasse, weil die notwendig entstehenden Gruppen »eine Art geschlossenem Cirkel bilden, zwischen denen sich der Neuangekommene ganz allein sieht«.

Tatsächlich hatte sich die Zahl der Besucher in Baden-Baden zu Beginn des 19. Jahrhunderts versechsfacht: Waren es um 1800 jährlich noch weniger als 400 Badegäste gewesen, so nannte das im Jahr zuvor gegründete *Badewochenblatt* für 1812 über 2500 Namen. Und in den 1830er-Jahren sollen es bereits um die 10 000 Fremde pro Jahr gewesen sein.

Speisesaal des »Badischen Hofes« in Baden-Baden, um 1810

Im dritten nachchristlichen Jahrhundert hatten schon die Römer in den Thermen von Aquae Aureliae gebadet, aber wiederentdeckt wurde Baden – wie es bis 1931 hieß – als Lustort eigentlich erst während des Rastatter Kongresses (1797 bis 1799), als sich die Abgeordneten dort von ihren Verhandlungen erholten.

Der von Napoleon zum Großherzog beförderte vormalige badische Markgraf Karl Friedrich verlegte 1806 seine Sommerresidenz an die Oos und hinfort kamen seine Verwandten aus ganz Europa und aus Russland – doch nicht nur die Aristokratie,

110   Kuren und flanieren in Baden-Baden

auch die Künstler aus Paris und Petersburg begegneten sich sommers in Baden-Baden zum Kuren, Flanieren oder Spielen. 1748 hatten zunächst die Wirte eine Konzession zum Aufstellen von Spieltischen in Nebenräumen erhalten. 1766 war das Promenadehaus gebaut worden, laut Carl Maria von Weber »fast der einzige Sammelplatz«, in den aber nur das (Roulette-)Spiel und die Zeitungen für Politiker lockten, während das Casino im »Badischen Hof« angenehmere Atmosphäre und die »gelesensten Zeitschriften« bot. Er berichtet von Bällen und Aufführungen in dem kleinen Theater, ist aber überzeugt: »Was dieses unendlich überwiegt und Baaden […] zu einem ewig besuchten Orte machen wird – ist die einzig schöne Natur, von der es umgeben ist. Ich kenne manches Bad, aber noch nirgends habe ich so mannigfaltige Gegenden um einen Ort vereinigt gesehen. Freundliche und erhabene Aussichten, Berge und Felsen auf der einen, liebliche Szenen auf der anderen Seite, die Nähe des herrlichen Murgtales etc., alles dieses sind unvergängliche Vorzüge, haben Baaden schon den Römern werth gemacht, und werden es auch jetzt und ewig den Galliern und Germanen theuer erhalten. Häufig theilt sich daher auch die Gesellschaft in kleine Landpartien, von denen Jeder befriedigt und erfreut zurückkehrt.«

Wohlleben und Müßiggang

Die Kulturgeschichte der Hotels zu erzählen, zumal die von Cottas »Badischem Hof«, den der Großverleger aus einem Kapuzinerkloster vor der Stadt zu einem mit allem erdenklichen Komfort ausgestatteten Kurhotel umbauen ließ, wäre reizvoll. Denn dort – im »Badischen Hof« oder im »Salmen«, im »Hirsch«, in der »Sonne« – begegnen wir allen: dem Karlsruher Hofrat Heinrich Jung-Stilling, der in seinem Tagebuch von den »paradiesischen Gefilden« schwärmt, von Naturschönheiten, die man gesehen haben müsse, weil sie nicht zu beschreiben seien. Oder Johann Peter

Baden-Baden, Stahlstich, um 1845

Hebel, der sich angesichts von Tanzsaal und Spieltisch »in einer ganz anderen Welt« fühlt, »überall Glanz, Wohlleben, Müßiggang, Geldspiel, Könige, Fürsten, Grafen, Professoren, Juden, Komödianten untereinander.« Von ihm stammt der Satz: »Baden ist sehr stark und dort die große Welt.« Ludwig Tieck kommt zur Linderung seiner Gichtbeschwerden über Jahrzehnte aus Dresden oder Berlin. Johanna Schopenhauer reist mit ihrer Tochter Adele von Weimar an, Marianne Willemer aus Frankfurt, der Sammler Sulpiz Boisserée aus Heidelberg. Und Goethe ist 1816 auf dem Weg dorthin, als schon bei Erfurt eine Achse bricht, er dies als schlechtes Omen nimmt und zu seiner Kur lieber in Thüringen bleibt.

Die Dichter der schwäbischen Schule wandern zu Fuß durch den Schwarzwald nach Baden-Baden, wie Gustav Schwab, der in seinem Buch *Wanderungen durch Schwaben* (1837) feststellt: »Eine Kette wellenförmiger, hoher Waldberge – Köpfe nennt sie das Volk in der Umgegend – trennt Gernsbach von Baden, die Stille des Murgtals von dem betäubenden Geräusch eines europäisch gewordenen Badeorts. Eine Zwischenstation gewährt das alte Schloss Baden; es bietet noch Waldeinsamkeit und Trümmer der Vergangenheit dem sinnenden Wanderer und lässt ihn doch schon einen Blick in das Gewühl der Gegenwart tun, das aus der Tiefe zu ihm emporbraust.«

Ähnliches berichtet Ludwig Uhland fünfzehn Jahre vorher seiner Frau Emilie in einem Brief: »Durch schöne Waldungen gelangten wir zu dem alten Schlosse und kamen vor Tisch in Baden an. Der Wirtstisch im Salmen war überaus zahlreich besetzt, überhaupt war es an diesem Tage in Gasthöfen, auf Straßen und Promenaden recht volkreich und lebendig. Abends machten wir einen Spaziergang nach Lichtental. Im Ganzen hat uns aber doch dieses Gewimmel nicht besonders zugesagt«.

Justinus Kerner interessieren die Burgen und Ruinen weniger, er bezeichnet den Aufenthalt 1843 als »göttlich«, bevorzugt aber auch die Einsamkeit Lichtentals gegenüber dem Trubel Badens, wie aus drei dem Zisterzienserinnen-Kloster gewidmeten Gedichten hervorgeht, in denen er nebenbei sein allmähliches Erblinden thematisiert. Das erste beginnt:

Aus Lichtental

Frag' nicht, warum war deine Wahl
Das ferngelegne Lichtental,
Statt Badens stolzer Quelle?
Fliehst du nicht gern ins Mondenlicht,
Mein Freund! wenn Gram dein Herz zerbricht,
Vom Markte zur Kapelle?

Die Sonne bist, o Baden, du!
Europa's Menschenmarkt ohn' Ruh'
Glanzvoll und wert zu schauen,
Doch du mein stilles Lichtental,
Du bist des Mondes milder Strahl
Mit frommen Klosterfrauen. [...]

Begegnungen auf der Allee

Nikolaus Lenau hingegen zog es bei seinem letzten Aufenthalt im Juni 1844 von den Stuttgarter Freunden weg aus Lichtental hinein ins pralle Leben, zum Spiel und in die Gesellschaft von Berthold Auerbach, Emma Niendorf oder August Lewald, der mit seiner Zeitschrift *Europa* vor kurzem dorthin übergesiedelt war. Im »Englischen Hof« lernte Lenau Marie Behrends kennen, die seine letzte große Liebe werden sollte. Sie war ihm zuerst auf der Lichtentaler Allee aufgefallen, wo die elegante Gesellschaft flanierte, seit Aloys Schreiber diesen Spazierweg 1805 als das »schönste Stück Talsohle der Welt« gepriesen hatte.

Das Stadtmuseum beging jüngst mit einer Ausstellung das 350-jährige Bestehen der Lichtentaler Allee, jedoch im Bewusstsein, dass die Gründungslegende jeder historischen Faktizität entbehrt. Fest steht immerhin, dass schon in einem Gutachten zum Wiederaufbau nach dem Stadtbrand 1689 von einem »der Schnur nach durchgeführten, geraden Weg« die Rede ist. Mitte des 18. Jahrhunderts – als man überhaupt erst das Spazierengehen in der Natur entdeckte – wurde daraus die bis heute bestehende Promenade inmitten eines englischen Landschaftsgartens. 1809 war die »Allee der Könige« vom heutigen Goetheplatz bis zum Kloster Lichtental fertig. In den folgenden Jahren hat man sie mit der Promenade vor dem Gesellschaftshaus verbunden und danach immer wieder umgestaltet. So wurde nach einem Hochwasser 1824 die zuvor durch das Tal mäandernde Oos entsprechend dem Alleenverlauf begradigt. Heute laden die in strengem Jugendstil errichtete Kunsthalle und das Museum Sammlung Burda ebenso zum Besuch wie das wenige Gehminuten entfernte Alleenhaus mit dem Stadtmuseum.

Der Eindruck eines romantischen Spazierwegs mit Ausblicken auf Stadt und Umgebung, von dem Reiseführer zu Beginn des 19. Jahrhunderts schwärmten, besteht nach wie vor. Immer-

Lichtentaler Allee, kolorierte Lithographie von Carl Ludwig Frommel, um 1845

hin kann man hier 2,3 Kilometer unter Eichen, weißblühenden Kastanien, Tulpenbäumen und Linden entlang spazieren, die Oos auf 26 Brücken und Stegen überqueren, sich an Denkmalen, Pavillons, Kapellchen, kurz: an einem Gesamtkunstwerk erfreuen, das inzwischen als ein Kulturdenkmal geschützt ist, weil die Allee »das Erleben einer friedvollen Natur, die ganz dem Geist der Empfindsamkeit des romantischen Zeitalters verpflichtet sei, ermögliche«.

Damals ging es freilich nicht immer friedvoll zu: »Es wird in dieser Allee so fürchterlich gefahren und geritten, dass man an den Stellen, an welchen Fahrweg und Fußweg zusammentreffen, seines Lebens nicht mehr sicher ist«, klagten die Zeitgenossen. Gérard de Nerval, der französische Übersetzer des *Faust*, befand 1838: »Die Straße nach Lichtental ist gefüllt mit Kutschen, Spaziergängern, Reitern. Wie auf einer Pariser Promenade ist alles in Bewegung, alles strahlt Glanz und Luxus aus.«

Man wird dort viele Sprachen vernommen haben, denn in der ersten Hälfte des 19. Jahrhunderts reisten zahlreiche Franzosen und etwas später dann auch Engländer, Amerikaner und Russen nach Baden-Baden. Ihre Gründe dafür waren unterschiedlich: Der französische Romancier Victor Hugo meinte zwar in der Einleitung zu seinem Rhein-Buch, man kam, um »nichts anderes zu sehen als Bäume und Himmel«, aber sein Landsmann Alfred de Musset war zum Beispiel auf der Flucht vor der Schriftstellerin George Sand oder vielmehr vor seinen Gefühlen zu ihr, tröstete sich dann aber beim Roulette und hinterließ ein langes Gedicht: »Une bonne fortune«. Gérard de Nervals eindeutige Quintessenz lautete: »Die Schweiz muß man gesehen haben, aber leben muß man in Baden.« Oder wenigstens kuren, wie der Russe Nikolaj Gogol, der 1837 zum ersten Mal und später aus geschäftlichen Gründen öfter hierher kam, denn in August Lewalds Zeitschrift *Europa* wurden mehrere seiner Erzählungen abgedruckt. Ihm folgten die russischen Schriftsteller Ivan Turgenev, der seit 1863 über Jahre und in enger Gemeinschaft mit der weltberühmten spanischen Sängerin Pauline Viardot in Baden-Baden lebte und der Stadt in seinem Roman *Rauch* ein Denkmal setzte, sowie Leo Tolstoi und Fedor Dostojewski mit Ehefrau Anna Grigorjewna Dostojewskaja. Ihr Tagebuch über *Die Reise in den Westen* beschrieb das Alltagsleben (und die Spielsucht des Ehemanns) im Baden-Baden des Sommer 1867. Darin erzählt die Dostojewskaja auch folgende Geschichte:

»Mitten im Park lag nämlich ein großer unbehauener Stein, der zu nichts nutze war; es wäre zu mühsam gewesen, ihn an einen anderen Ort zu tragen, aber wenn er einfach mitten im Park lag, störte er den Anblick. Gleich hatten diese schlauen Leute eine Idee, um sich aus der Affäre zu ziehen: sie vergeudeten keinen Pfennig für die Bearbeitung des Steines, sondern meißelten nur mit ein paar Goldbuchstaben, wie sie auf Grabsteinen üblich sind, eine Inschrift in den Stein: ›Dem unsterblichen Schiller – die Stadt Baden‹. Und um die Häßlichkeit des Steins etwas zu verbergen, pflanzten sie ringsherum Flieder, der ihn von drei Seiten verdeckt, so daß nur der Teil offen bleibt, auf dem die

Inschrift steht.« Zu diesem Denkmal, errichtet am hundertsten Geburtstag im November 1859, kamen an der Lichtentaler Allee weitere, die an Kaiserin Augusta, Ivan Turgenev und Pauline Viardot, Clara Schumann und Johannes Brahms erinnern.

Quartierchen statt Salon

Ähnlich detaillierte Schilderungen sind ein halbes Jahrhundert zuvor in der Korrespondenz Rahel Varnhagens zu finden. An sie erinnert in Baden-Baden heute nichts, obwohl sie in ihren Karlsruher Jahren regelmäßig in das sieben Stunden entfernte »hiesige Potsdam« reist. Das erste Mal schon im August 1816, einen Monat nach ihrer Ankunft im Südwesten Deutschlands. Allerdings erholt sie sich dann in Frankfurt von der »nicht besonders gelungenen Badekur«. Berichten zufolge soll sie im »Goldenen Kreuz« in der Kreuzstraße nahe dem heutigen Goetheplatz abgestiegen sein, was aber ebenso wenig belegt ist wie die – wenig wahrscheinliche – Überlieferung, sie habe dort einen Salon geführt.

Rahel Varnhagen im Jahr 1817

Im nächsten Mai und Juni ist sie wieder dort, um den Sommer in dem Badeort zu genießen, »wo es immer von Gästen, wie von Heerden in den Wiesen und Gebirgen wimmelt, mir zum Zusehen recht; und der Ort, mir nur seiner bequemen Nähe wegen lieb.« An den Ehemann Karl August Varnhagen von Ense schreibt sie nach Karlsruhe: »Unser Quartier, im Töpferhäuschen, ist das amüsanteste! Ich mag gar nicht ausgehen! Lauter Berge, und Königinnen! und Könige! und alle Welt Menschen.« Ob das Töpferhäuschen mit der Töpferei zusammenhängt, die damals am Anfang der Lichtentaler Allee stand, hat noch niemand erforscht, es wäre nach den Beschreibungen aber denkbar. 1818 jedenfalls ist die »schöne cotterie vom vorigen Jahr« zerstört. Sie berichtet ihm von Spaziergängen nach Lichtental, von Bällen und Konzerten, von ihren Erfahrungen beim Roulette: »Ich komme gerade aus dem ziemlich leeren luftigen Saal, wo nur unsere Leute spielten, [...] wo ich einen großen Thaler verspielt habe, auf schönen Nummern; 17. 31. 11 und auch auf ein paar Linien; die ich nicht verstand.« Sie schwärmt von »feengoldenen« Sonnenuntergängen, die heftige Gefühle bei ihr auslösen, und lästert über die Aristokraten: »der vice.König von Italien wird auf 4 Wochen neben mir an wohnen, den 1t July aber kommt er schon. Der König von Baiern sein Schwiegervater auch, mit Königin und allem, und noch eine Menge solcher Herrn.« Ihrer Freundin Pauline Wiesel erzählt sie den ganzen Stadtklatsch, beschreibt die Toilette der Damen und berichtet: »Den andern Morgen Sonntag gingen wir in Sonnenwetter in die Allee und begafften *alles* was hier war: nicht viel, nicht Erhebliches; doch voller Bekanten.«

Wegen der schönen Lage der Unterkunft ist sie sehr vergnügt. Denn vor ihrem »Quartierchen« seien eine Brücke, eine Mühle, die rauscht, und sie genieße es, »mit einem Schritt im schönsten Grün« zu sein, »die Augen auf Bergen und Gegend schon aus dem Fenster«. Aber das Klima macht ihr, der in diesen Jahren immer Kränkelnden, zu schaffen:

»Dann herrschte hier, nach bedeutender Kälte, seit mehr als vierzehn Tagen eine Sorte Wetter, die mich ohne allen weitern Gebrauch der Bäder unter die Erde bringen kann, und mich *darauf* bis zum Nervenunsinn peinigt. Dies besteht nämlich in einer trockenen, brennenden Sonnenhitze und Blende, wobei ein Nordostwind nicht zu herrschen nachläßt; Abends wird es *plötzlich* bedeutend winterlich, durch eine Art kalter feuchter Massen, die in klarster Luft und unter hellsten Sternen sich langsam herunterlassen, hin und her bewegen, und sich wie unsichtbare Thiere auf einen setzen. Diese Phänomene drückten und reizten und hebetirten [stumpfsinnig machen] mich dergestalt, daß ich wahre Fieberanfälle mit allem ihren Nervenzubehör ausstand. Seit sechs, acht Tagen ist dies besser: nach einem Gewitter und einigem Regen: doch wollen die kalten Thiere noch Abends ihr Zauberwesen treiben. Wollen nur, es gelingt ihnen nur viertelstundenweise. Dabei ist natürlich für mich an keinen Gebrauch der Wässer zu denken, die mich ohnehin *nur* quälen, und nie helfen. Die hiesigen.«

Vom Gebrauch des Wassers

Der »Gebrauch« des Wassers beschränkte sich zu Rahel Varnhagens Zeiten vermutlich auf das Baden. Trinkkuren kamen erst später in Mode. Die erste, so genannte »alte Trinkhalle« wurde 1820, also im Jahr nach Varnhagens Wegzug aus dem Land Baden, am südlichen Hang des Schlossberges, gleich hinter dem Chor der Stiftskirche erbaut und 1871 abgerissen. Die heute neben Kurhaus und Casino die Kaiserallee überblickende Trinkhalle stammt aus dem Jahr 1842 und dient anderen als kurativen Zwecken. Man kann dort im Café in Zeitschriften schmökern, Veranstaltungen genießen oder sich unter den in ihrem warmen Terracottaton südlich anmutenden Arkaden mit den örtlichen Sagen beschäftigen. Denn nach der Fertigstellung der Trinkhalle bat man zwei Künstler um Entwürfe für die vorgesehenen vierzehn Wandbilder in dem neunzig Meter langen Wandelgang. Die Jury-Entscheidung fiel gegen den berühmten Moritz von Schwind und für den Mannheimer Historienmaler Jakob Götzenberger. Das nicht nur, weil seine Honorarforderungen beträchtlich niedriger waren, sondern auch, weil sein Bildprogramm dem Ausstellungsort angemessener schien als der von Schwind konzipierte »Vater Rhein«-Zyklus.

Die Vorzeichnung »Alt-Eberstein« zum Fresko in der Baden-Badener Trinkhalle, Aquarell von Jakob Götzenberger, um 1840

Zwei von den vierzehn Sagen – die Aloys Schreiber und andere wohl auf Anregung von Clemens Brentano gesammelt haben – handeln von den heilsamen Quellen und seien hier in Kurzform wiedergegeben.

Schloss Hohenbaden

Auf dem Turm des Schlosses bittet die Markgräfin Katharina die Gottesmutter um die Beendigung der Pest. Sie lässt das heiße Wasser durch die Straßen leiten und der Dampf erstickt die Krankheitskeime. Dankbar weiht die Markgräfin ihre beiden Kinder dem geistlichen Stand.

Baldreit

Eher als erwartet wird Pfalzgraf Otto Heinrich durch die heilsamen Baden-Badener Quellen von seinem Leiden befreit. Im Hof eines Gasthauses besteigt er freudig sein Pferd und ruft dem Wirt zu: »Seht, so bald reit ich!« So erhielt der Gasthof Baldreit seinen eigenartigen Namen.

Übrigens sind in der geschichtsträchtigen Herberge seit einigen Jahren Stipendiaten in den Genres Literatur, Musik und bildende Kunst untergebracht.

Das letzte Wort soll Rahel Varnhagen haben. Auch im September 1819 zitterte sie zwar nächtens wieder vor Kälte im Bett, war aber voller spöttischer Laune. Sie berichtete von der Ungewissheit ihrer Zukunft, denn ein Schreiben der Behörde hatte angekündigt, dass Varnhagens Posten aufgehoben wäre und sie Karlsruhe am 23. Oktober verlassen müssten.

»Was *dies*, Ziehen, Packen, Verkaufen, Einrichten, Verlassen, Ankommen, Reisen, Nichtwissen wohin etc. etc. in sich faßt, wissen Sie Alle, meine lieben Freundinnen! Das Gift hab' ich getrunken, schlucken müssen: die Wirkung wird folgen. Ganz unverhoffte Gnade schickt aber *Gott*. Zum erstenmal in meinem Leben fühlte ich mich plötzlich leichtsinnig. Ich konnte sechs Wochen lang hier Berg, Thal, Schein, Luft, Grünes, Feld, mit dem größten Bewußtsein, mit dem ruhigsten Herzen genießen. So war auch V. [Varnhagen] gestimmt: und wir genossen alles was der Ort bot.«

*»Wenn man hineintritt, so ist es,
als ob ein geordneter Verstand uns anspräche«*

Hofleben und Gesellschaft in Karlsruhe

Es sind die Namen Johann Peter Hebel und Joseph Victor von Scheffel, an die man beim Stichwort »Karlsruher Dichter des 19. Jahrhunderts« sofort denkt. Zu den Romantikern gehören sie nach Lebensdaten und Werk genau genommen nur am Rande.

Der 1760 in Basel geborene Hebel hat zwar die Hälfte seines Lebens in Karlsruhe verbracht und hier eine erstaunliche Karriere bis zum Prälaten der Evangelischen Landeskirche und zum Direktor des Gymnasiums, an dem er einst Schüler gewesen war, gemacht. Über die Stadt selbst hat er sich jedoch kaum geäußert; immerhin schrieb er einmal seinen Freunden nach Straßburg: »Carlsruhe ist nicht so schlimm als mans verschreit.«

Man kennt seine zehn Wohnungen in der Stadt, man weiß, dass er im »Schwarzen Bären« am Marktplatz einen so genannten Oberländer Tisch mit seinen Einfällen unterhielt und dort Anregungen für seine *Kalendergeschichten* sammelte, dass er eine Mittagsrunde in der Erbprinzenstraße 4 und das Drechslersche Kaffeehaus im Zirkel 7 besuchte.

Zu Hause fühlte er sich in Karlsruhe offensichtlich nie so richtig, und seine 1803 beim Karlsruher Drucker Macklot erschienen *Allemannischen Gedichte* wurzeln in der unvergessenen Heimat im badischen Oberland oder, wie er reimte: »Aus der Heimat kommt der Schein, / S'muß lieblich in der Heimat sein.«

Heute erinnern an den 1826 in Schwetzingen gestorbenen Dichter eine Gedenktafel am Nebengebäude der Stadtkirche Ecke Hebelstraße und das 1835 errichtete Denkmal im Schlossgarten.

Johann Peter Hebel als »Hausvater« vor dem Schloss in Karlsruhe, Gouache, 1814

Joseph Victor Scheffel ist in Hebels Todesjahr in Karlsruhe geboren, aber auch ihm war die Stadt eigentlich nie geliebte Heimat: Er würde hier »zu Grunde gehen wie eine Forelle im Sumpf«, schrieb er, und: Es gebe »zuviel Hofluft, zuviel Bureaukratie und zuviel Äußerlichkeit« in Karlsruhe. Trotzdem kam er von seinen zahlreichen Reisen und Wanderungen immer wieder dorthin zurück.

»Je n'aime pas cette ville«, steht sogar in seinem Testament und, dass er sich ein Begräbnis im engsten Familienkreise wünsche; als er dann 1886 starb, gab es einen Staatsakt und ein Ehrengrab auf dem Hauptfriedhof; die Ehrenbürgerwürde und den erblichen Adel hatte er schon zum 50. Geburtstag erhalten, samt einem prächtigen Schrank, der heute mit anderen Gegenständen im Oberrheinischen Dichtermuseum im »PrinzMaxPalais« zu bewundern ist. Neben Scheffelstraße und Scheffelplatz samt

Denkmal erinnert seit 1924 der Scheffelbund als größte literarische Gesellschaft in Deutschland an den unangefochtenen Bestseller-Autor seiner Zeit. Er verfasste die überaus erfolgreichen Romane *Ekkehard* und *Der Trompeter von Säckingen*, und in seinem Namen werden noch heute jährlich besonders gut benotete baden-württembergische Abiturienten und Abiturientinnen im Fach Deutsch mit dem Scheffelpreis ausgezeichnet.

Prospekt der Residenzstadt Karlsruhe, Kupferstich, um 1780

Gern wird in Karlsruhe aus einem Brief Heinrich von Kleists zitiert. Im Dezember 1801 schrieb er an seine Schwester Ulrike, mit der er ein halbes Jahr zuvor gemeinsam in Durlach auf dem Turmberg gesessen hatte und die Sonne jenseits des Rheins untergehen sah: »Ich bin diesmal auch in Karlsruhe gewesen, und es ist schade, daß Du diese Stadt, die wie ein Stern gebaut ist, nicht gesehen hast. Sie ist klar und lichtvoll wie eine Regel, und wenn man hineintritt, so ist es, als ob ein geordneter Verstand uns anspräche.« Kleist ist nicht geblieben und auch nicht wiedergekehrt.

Karoline von Günderrode

Ob gerade diese Klarheit und Ordnung eine emotionale Annäherung verhindert? Es sei ein Ort der Ruhe, doch zu deutlich Schöpfung einer aufgeklärten Epoche, heißt es. Und die Qualitäten, von denen der Heidelberger Ästhetik-Professor Aloys Wilhelm Schreiber Anfang des 19. Jahrhunderts schwärmte, waren offenbar nicht die, die Dichter und Denker zum Bleiben verlockten: »Karlsruhe gewinnt dadurch einen eigenthümlichen Reiz, dass seine grössten und schönsten Gärten nicht ausser der Stadt, sondern inner derselben liegen, und da sie jedem anständig gekleideten offen stehen, zugleich die angenehmsten Spaziergänge darbieten.«

Kein Sinn für Weiberglückseligkeit

Irgendwo in der Nähe des Schlosses ist am 11. Februar 1780 Karoline von Günderrode geboren und einige Jahre aufgewachsen. Jegliche Spuren sind verwischt – *Kein Ort nirgends*, wie Christa

Wolf ihre eindrückliche Erzählung über eine fiktive Begegnung der Günderrode und Kleists überschrieb.

Karoline war das älteste von sechs Geschwistern, alle waren musisch begabt wie ihre beiden schriftstellerisch tätigen Eltern. Nach dem frühen Tod des Vaters 1786 zog die Mutter Louise von Günderrode mit ihren Kindern nach Hanau, wo sie einige ruhige und glückliche Jahre verlebten.

Mit 17 Jahren wurde die hübsche, aber nicht zu verheiratende Karoline von ihrer Mutter, mit der sie sich nicht sehr gut verstand, in einem Damenstift in Frankfurt untergebracht. Das war eine Katastrophe für die zwar kränkelnde, aber hochintelligente und sensible junge Frau, die sich durch eigene Lektüre bildete und nach der des *Ossian* notierte: »Der alte Wunsch, einen Heldentod zu sterben, ergriff mich mit großer Heftigkeit; unleidlich war es mir, noch zu leben, unleidlicher, ruhig und gemein zu sterben. Schon oft hatte ich den unweiblichen Wunsch, mich in ein wildes Schlachtgetümmel zu werfen, zu sterben – warum ward ich kein Mann! Ich habe keinen Sinn für weibliche Tugenden, für Weiberglückseligkeit. Nur das Wilde, Große, Glänzende gefällt mir. Es ist ein unseliges, aber unverbesserliches Mißverhältnis in meiner Seele; und es wird und muß so bleiben, den ich bin ein Weib und habe Begierden wie ein Mann, ohne Männerkraft. Darum bin ich so wechselnd, so uneins mit mir.«

Rahel Varnhagen, Zeichnung von 1821

Auch andere romantische Dichterinnen kannten und thematisierten diesen Zwiespalt – Annette von Droste-Hülshoff, Sophie Mereau, Bettine von Arnim – aber für Karoline von Günderrode war er unüberwindbar, sie scheiterte letztlich an ihrem Anspruch an sich und die Welt ebenso, wie sie am Verrat des Geliebten Friedrich Creuzer verzweifelte. Ihr kurzes Leben haben viele Biografen nacherzählt und den Selbstmord zu erklären versucht. Christa Wolf tröstete: »Fortleben könnte sie als Gestalt, die sich der Erfahrung von Vergeblichkeit und Entfremdung unbedingt zu stellen hatte.« Und fortleben wird die Günderrode als Dichterin, die wie kaum eine andere bedrückende Briefe und eine leidenschaftliche Lyrik hinterließ:

Karl August Varnhagen von Ense, Zeichnung von 1822

Hochroth

Du innig Roth
Bis an den Tod
Soll meine Lieb Dir gleichen,
Soll nimmer bleichen,
Bis an den Tod,
Du glühend Roth,
Soll sie Dir gleichen.

Täglicher Wetterbericht

Dass Rahel Varnhagen mit ihrem Ehemann Karl August Varnhagen von Ense, der zum preußischen Gesandten am Badischen Hof ernannt worden war, drei Jahre lang in Karlsruhe gelebt hat, ist ebenfalls wenig bekannt.

Die Adressen kennt man noch, aber die Häuser in der Waldhornstraße 7 und der Kreuzstraße 18 sind längst Neubauten gewi-

Schloss Karlsruhe, Ölgemälde von 1804

chen. Der erste Eindruck war für das Ehepaar eher positiv: »An einem trotz des Regens doch schönen Sommerabend in der Mitte des Juli trafen wir in Karlsruhe fröhlich ein. Rahel war angenehm überrascht, eine freundliche, umfangreiche, großenteils wohlgebaute Stadt zu sehen, die man ihr in Mannheim als den traurigsten, verlassendsten Ort vorgestellt hatte, in welchem alles und jedes fehle, und jede Kleinigkeit von außerhalb müsse bezogen werden.«

Außerdem erwähnt Varnhagen, dass es stattliche Wohnhäuser und reiche Kaufläden gebe, nennt das gewerbliche und heitere Ansehen der Straßen und den wohleingerichteten Gasthof, nach der Überlieferung das Gasthaus »Zum Goldenen Kreuz« in der Karlstraße.

Auch Rahel Varnhagen schreibt im Juli 1816 zunächst ironisch gestimmt: »Karlsruhe ist ein schöner unbequemer Ort: die Unbequemlichkeit liegt in der Prätension eines großen, ohne dessen Ressourcen zum Nutzen oder Vergnügen, und in der Beschränktheit und dem Stagnierenden eines kleinen. Ist man hier geboren oder hier eingelebt, so mag's einem auch hier gefallen: der Eindruck ist heiter, angenehm, berlinisch; ja, überraschend schön. Viel Wald, viel Sumpf, viel Mücken umher. Im Ort die schönste Bauart; schöne Gebäude, viel Grünes – verdure – und kein Logis: chambres garnies gar nicht. Wie konnte der Ort auch das wissen!«

Nur vier Tage später heißt es: »Nichts will ich hier als abreisen.« Die Briefe, die sie zwischen Sommer 1816 und Herbst 1819 aus Karlsruhe an ihre Freunde schreibt, sind in erster Linie Wetterberichte: »Man nennt es Süddeutschland – rauhes, kaltes [...] windiges, trübes Wetter; oft auch Hagel und Schnee; kalter blendender Sonnenschein.« Und sie klagt über die Fremdheit, die Entwurzelung, die Langeweile: »Dabei lebe ich das desperirteste, einsamste, ungeselligste, unfreundlichste Leben: ohne Erheiterung, Reiz, Spannung, Anregung irgend einer Art: ohne alle Geschäfte und Thätigkeit, einsam und allein: aber in unabgebrochener Störung! So daß ich ganz verdumme, und auch nicht mehr zu schreiben vermag.«

»V. ist sehr fleißig und besucht den Hof, und die Orte, die er muß«, teilt sie außerdem mit. Aber nach den Schilderungen ihres Ehemannes versteht man, warum sie selbst möglichst nicht hingeht: »Das ganze Hofleben in Karlsruhe bestand ohnehin fast nur in kleinlichen Eifersuchten und Rücksichten. Die verschiedenen Höfe und ihre vornehme und geringe Dienerschaft taten fast nichts, als einander gegenseitig beobachten, über jede Handlung oder Rede Gericht halten, die vermeinten oder wirklichen Abweichungen von der Regel tadeln, die Lächerlichkeiten hervorheben.«

»Ich halte mich von allem soviel möglich zurück«, erklärt Rahel. »Dies aber kommt sehr natürlich; ich kann mich nicht tummlen und placken, und in der weiten Welt suchen, was ich schon kenne und habe: war zu lange Padrona um Klientin sein zu können. [...] Die Gesellschaft hier ist nicht unfreundlich, nicht unzufrieden mit mir: aber man sieht sich hier durchaus nicht häuslich, und wie in Norddeutschland, oder auch anderen Höfen. Sondern gebeten, geputzt, mit Vielen. Dazu bin ich nicht jung, nicht gesund, und nicht reich genug. Hier ist ein Kleiderluxus wie am größten Hofe; und überhaupt, wie jetzt allenthalben, bei der gespannten Finanznoth.«

Das klingt nicht wenig gekränkt und zurückgesetzt. Und selber einen Salon zu führen, wie sie es aus Berlin gewohnt war, sei in Karlsruhe nicht möglich, schon wegen des anderen Tagesablaufs, wie sie begründet: »niemand hat menschliche Stunden – um ein Uhr essen sie zu Mittag, um halb neun zur Nacht; bitten sich nur die Menschen, wenn sie Gesellschaft wollen; die eine bleibt bei ihren Kindern, die andere wartet ihren amant ab. Kurz, es fehlt an Personen, die sich sehen könnten, eine volle Stadt als Unterlage und Grund ihrer Gesellschaften.«

Einige Abwechslung bringen Aufenthalte in Baden-Baden, zwei Reisen nach Frankfurt oder eine nach Brüssel. Doch an manchen Tagen freut sie sich immerhin an der Lage des Hauses und ihrem »schönsten Garten nach dem Feld hinaus zur Promenade«, an den Blüten und Vögeln bei hellem sonnigen Frühjahrswetter.

Meistens jedoch fühlt sie sich elend wie ein »Windhund, den immer friert!«

»Ich lasse das Leben auf mich regnen«, hat sie einmal formuliert, womit natürlich ihr romantisches Projekt gemeint ist, das Leben als ein Kunstwerk zu leben. Aber es konnte sie zu Zeiten eben auch treffen »wie Wetter ohne Schirm« – und dies geschah offenbar besonders in den Karlsruher Jahren.

»Wo ich ihre letzten Blicke und süßen Worte empfieng«

Ein Obelisk im Kloster Maulbronn

»*E*in Kloster aus dem zwölften Jahrhundert, rings umgeben mit hohen Mauern, einem Zwinger, über den eine Zugbrücke in dunkle Torgebäude führte, in den Räumen innerhalb der Mauer selbst gar keine Wohnung als die der Beamten und das Prälaturgebäude, an welches das Kloster selbst, das nun die Wohnung junger theologischer Zöglinge war, grenzte.« Der Kontrast, den der neunjährige Justinus Kerner empfand, als er 1795 aus der hellen, großzügig und modern erbauten Stadt Ludwigsburg in das enge Tal und die düsteren, »vom Alter schwarzgrau-

Kloster Maulbronn, Stahlstich, Anfang des 19. Jahrhunderts

Der 18-jährige Friedrich Hölderlin, Zeichnung von Immanuel Nast aus dem Jahr 1788

en Kreuzgänge« und Gebäude kam, könnte kaum größer sein. Allerdings bot dies alles seiner Phantasie reiche Nahrung und die Umgebung war für einen Knaben ebenfalls reizvoll: »Um in Wälder und Felder zu kommen, hatte man nicht mehr lange Gassen und Alleen zu durchgehen; das Kloster war in einen engen Grund gebaut, und über ihm ragten schöne Berge mit Weinreben und üppigen Wäldern. In seinem Umkreis befanden sich etliche und dreißig Seen, reich an Fischen und Geflügel aller Art.«

Kerner zog nicht als Klosterschüler nach Maulbronn – dafür war er zu jung –, sondern als Sohn des Oberamtmanns. Er konnte daher als Idylle empfinden, worunter andere litten, wie ein Jahrzehnt vorher Friedrich Hölderlin und später die Dichterkollegen Hermann Kurz und Hermann Hesse.

»Ich kann Dir sagen – ich bin der einzige – der außer dem Namen nach kein Frauenzimmer – keinen Schreiber – oder was sonst zu den Gesellschaften der Maulbronner Welt gehört, hier kennt. Meine Flöte wäre noch mein einziger Trost, aber auch diese ist mir entlaidet worden«, schrieb der einsame Hölderlin an seinen Freund Immanuel Nast und bot an, ihn mit den verkauften Soldaten aufs Kap zu begleiten. Dazu kam es glücklicherweise nicht, aber er hat hier seine Gelobung, sich »auf keine andere Profession dann die Theologiam« zu verlegen, erstmals in Frage gestellt.

Justinus Kerner, der von Seminaristen unterrichtet wurde und sich viel mit Tieren und Pflanzen beschäftigte, hat die Atmosphäre im *Bilderbuch aus meiner Knabenzeit* so geschildert, wie man sie heute noch als Besucher erlebt, obwohl nach der Erhebung Maulbronns als besterhaltene mittelalterliche Zisterzienser-Klosteranlage zum Weltkulturerbe in den letzten Jahren vieles renoviert wurde: »Der Oberamtei gegenüber stand das große Prälaturgebäude und vor der ersteren auf einem freien Platze ein schöner lebendiger Brunnen mit vielen Röhren, die ihre Wasserstrahlen in bronzene große Schalen ergossen. Es war ein Kunstwerk alter Zeit. Durch die Prälatur kam man in den Kreuzgang des Klosters, der, wie gewöhnlich die Kreuzgänge, einen kleinen Garten umschloß, der durch die hohen gotischen Fenster desselben sichtbar war. Man beklagte noch die prachtvollen Glasgemälde, die einst die Fenster dieses Kreuzganges schmückten, die aber Herzog Karl herausnehmen ließ und bedauerlicherweise zu neuen Bauten in Hohenheim usw. verwendete. Fußböden und Winkel des Kreuzganges waren mit steinernen Grabmonumenten längst verstorbener Äbte und Mönche ausgelegt, und an manchen Stellen der Fußboden selbst eingesunken.« Er erzählt auch vom Faustturm, wo der berühmte Dr. Faust sein Laboratorium zum Goldmachen gehabt und ihn dann eines Tages der Teufel geholt haben soll.

Madame Luzifer

Das Ambiente des alten Klosters, zumal in der düsteren, regnerisch-nebligen Stimmung, und die hier angesiedelte Faust-Sage gefielen auch Caroline Schlegel-Schelling, als sie Ende August 1809 mit ihrem Ehemann, dem Philosophen Friedrich Wilhelm Joseph Schelling, zu Besuch nach Maulbronn kam. Vor

134 Ein Obelisk im Kloster Maulbronn

der Abreise aus München hatte sie an ihre Freundin Pauline Gotter geschrieben: »Das ist ein verdrieslicher Sommer, liebe Pauline. Schlechtes Wetter, Krieg und theure Zeiten und um das Maaß voll zu machen Schelling krank seit 6 Wochen. [...] Jetzt denken wir drauf in der vaterländischen Luft vollends ganz zu genesen und in 8 Tagen zu den Eltern in Württembergische zu gehn, ziemlich nah an die französische Gränze, denn Schellings Vater ist jetzt Prälat zu Maulbronn. [...] Ende September sind wir wieder hier.«

Statt der geplanten Italienreise also der Stromberg, aber die dreitägige Wanderung, die man trotz des schlechten Wetters zu Carolines 46. Geburtstag am 2. September unternahm, wurde ihr zum Verhängnis; sie erkrankte an der Ruhr und starb nur fünf Tage später.

Prälat Joseph Friedrich Schelling, der das Paar erst im Juni 1803 in Murrhardt getraut hatte, muss seine Schwiegertochter am 9. September »unter großer Antheilnahme« der Bevölkerung Maulbronns begraben. Und weil der Sohn in seinem tiefen Schmerz außer Stande ist, die Feder zu führen, nimmt die Mutter Gottliebin Marie Schelling das Geschäft auf sich, die Freunde zu benachrichtigen: »Könnten Sie das Hauß des Jammers erblicken, sie würden die bittersten Thränen mit uns weinen und mit uns vermischen.« Fast ein Vierteljahr später schreibt Schelling seinem Schwager Philipp Michaelis: »Es scheint, daß ein solcher Schmerz mit der Zeit eher zu- als abnimmt. In je größere Ferne sie mir tritt, desto lebhafter fühle ich ihren Verlust. Sie war ein eigenes, einziges Wesen, man mußte sie ganz oder gar nicht lieben. [...] Wäre sie mir nicht gewesen, was sie war, ich müßte als Mensch sie beweinen, trauern, daß dies Meisterstück der Geister nicht mehr ist, dieses seltne Weib von männlicher Seelengröße, von dem schärfsten Geist, mit der Weichheit des weiblichsten, zartesten, liebevollsten Herzens vereinigt. O etwas in der Art kommt nie wieder!«

Linke Seite:
Der Kreuzgang im Kloster Maulbronn, 1842

Tatsächlich war Caroline Schelling eine Frau, die extrem polarisierte. Bis heute fasziniert die Biografen ihr bewegtes Leben unter allen Romantikerinnen am meisten. Geboren 1763 in Göttingen und dort in enger Freundschaft mit Therese Huber aufgewachsen, heiratet sie den geachteten, aber ungeliebten Bergmedicus Böhmer und bekommt eine Tochter. Nach seinem Tod befreundet sie sich mit dem Naturforscher und Revolutionär Georg Forster, wird als angebliche Jakobinerin in Mainz in Festungshaft genommen, hat eine Affäre mit einem jungen französischen Leutnant und wird aus dieser Situation gesellschaftlicher Schande durch die Heirat mit August Wilhelm Schlegel geradezu erlöst. Ein uneheliches Kind hätte sie ihre Witwenrente gekostet und man hätte ihr wohl auch das ältere Kind weggenommen. Sie führt von 1796 bis 1800 einen »romantischen« Salon in Jena, in dem Wilhelm von Humboldt, Hegel, Novalis und Fichte verkehren und wo sie Friedrich Schlegel kennen lernt, dessen *Lucinde* sie inspiriert. In Jena begegnet sie 1798 Schelling und äußert, es habe »nie eine sprödere Hülle gegeben. Aber ungeachtet, daß ich nicht sechs Minuten mit ihm zusammen bin ohne Zank, ist er doch weit und breit das Interessanteste, was ich kenne, und ich wollte, wir sähen ihn öfter und vertraulicher.« Dies geschieht, denn sie lässt sich von Schlegel scheiden und heiratet Schelling, der zwölf Jahre jünger ist als sie.

Friedrich Wilhelm Joseph von Schelling. Lithographie von Cäcilie Brandt

Kein Wunder, dass in dieser Zeit ein solcher Lebenswandel nicht nur Klatsch und Tratsch, sondern auch lautstarke Missbilligung provozierte. Es waren neben Schiller, der sie eine »Madame Luzifer« nennt, vor allem die anderen (Ehe-)Frauen, die Caroline als bösartig, impertinent, verschwenderisch, herrschsüchtig, vorlaut und eitel schmähen.

Zweifellos war sie bezaubernd und begabt, und mit Schelling hat sie endlich ihr Lebensglück gefunden. Er bleibt verzweifelt zurück und spürt in den Monaten nach ihrem Tod den »Ahndungen« nach, die sie einmal äußerte, vielleicht in diesen klösterlich-melancholischen Mauern zu sterben.

Beerdigt wurde sie auf dem so genannten Herrenkirchhof, der im Mittelalter den einfachen Mönchen als Grabstätte diente.

Caroline Schlegel-Schelling, nach einem Ölgemälde von Friedrich August Tischbein aus dem Jahr 1798

Schelling ließ einen Obelisk errichten und auf allen vier Seiten beschriften, weshalb er rundum begangen werden sollte. Mitte des 19. Jahrhunderts hat man ihn versetzt und heute steht er ziemlich versteckt an der Mauer südlich der Kirche.

»Das Grab der Treuen Ewig Geliebten bezeichnete mit diesem Stein Ihr hinterbliebener Gatte«, steht auf der Vorderseite des Obelisken. Darunter wird »von jedem fühlenden Wesen Andacht« gefordert und am Sockel auf die ewige Wiedervereinigung gehofft, während links Datum und Grund ihres Sterbens vermerkt sind und rechts der anrührende Satz: »GOTT hat sie mir gegeben / der Tod kann sie mir nicht rauben«. Trost ist ihm die Hoffnung auf eine Wiedervereinigung mit der geliebten Frau. Schelling beginnt, sich mit mystisch-theosophischen Unsterblichkeitslehren zu beschäftigen, die später in seine *Philosophie der Offenbarung* münden, und geht gelegentlich die alten Wege: »An der Stelle fast, wo ich ihre letzten Blicke und süßen Worte empfing, habe ich einiges Einiges niedergeschrieben, das wohlgestimmten Seelen einst Vergnügen machen kann.«

Ein Obelisk im Kloster Maulbronn

»Bis es in leises Flüstern der Äolsharfe verklang«

Ludwigsburg, Kerners Grasburg

Ausgerechnet in der Barockstadt Ludwigsburg wurde Justinus Kerner geboren, der (nach Bernhard Zeller) »als Mensch und als Dichter zeitlebens ein echter Romantiker geblieben ist«. Und Ricarda Huch lobte in ihrem Standardwerk über *Die Romantik* seine *Reiseschatten* als genuin romantische Erzählung: »Den deutschen romantischen Ton im Bilde und in der Romanze hat außer Brentano keiner getroffen wie Justinus Kerner, und keine Novelle von Eichendorff, keine von Arnim versetzt so mitten in die Romantik hinein wie seine Schattenbilder.«

Folgen wir also der Kernerschen Reisegesellschaft:

»Durch schöne Gänge von Linden- und Kastanienbäumen führte uns der Weg in die Stadt Grasburg ein. Totenstille herrschte, die nur von dem Gesumse der Bienen um die Blüten der Bäume unterbrochen wurde. Lange, weite Straßen eröffneten sich, sie wurden durch niedliche, gelbgefärbte Häuser gebildet. Am Ende einer so langen Straße schwebte eine weiße Figur vorüber. ›Das ist‹, sprach der Mühlknecht, ›der Perückenmacher der Stadt.‹ An den Häusern sproßte hohes Gras auf, Schmetterlinge, Goldvögel und Maienkäfer durchflogen die sonnenhellen Straßen, und setzten sich bald auf die Dächer der Häuser, bald auf das Stadtgras, welches wunderlich anzusehen war.« Und das, wie der Erzähler später erläutert, »absichtlich

Justinus Kerner, Scherenschnitt von Lotte Jäger, 1854

Marktplatz von Ludwigsburg, Farblithographie von Johann Christian Ludwig Ebner, um 1825

der Reinlichkeit wegen erhalten wird, und eigentlich eine Reihe blühender Schuhbürsten darstellt«.

Ludwigsburg ist unschwer hinter dem verschlafenen Grasburg zu erkennen, in der die einst belebten Alleen nun von Gras bewachsen sind. Die Stadt bildet die Bühne für einige »Vorstellungen« der fünften Schattenreihe mit skurrilen Gestalten: einem »Inwohner«, der in einem Speishause für sieben Freunde ein Mittagessen bestellt und dann allein acht Portionen verzehrt; einem Pferdeliebhaber, der sich mangels Pferd wie reitend zu Fuß fortbewegt; einem Chemicus, der in seinem Haus aus lauter Surrogaten »den herrlichsten Champagner aus luftsaurer Eselsmilch« offeriert oder einem Ehepaar, dessen Liebe von einer hässlichen Strohpuppe beinahe zerstört wird.

»Derlei Geschichten erzählt man sich in Menge in dieser Stadt; auch ist sie voll von Pietisten, Separatisten, Schatzgräbern, Goldmachern und Geisterbeschwörern, die in verschlossenen Zimmern in Bäckerhäusern, bei Goldschmieden und in einsamen Herbergen ihr Wesen treiben. – Es war mir die Stadt gar wohl bekannt, da ich in ihr geboren und meine Jugend verlebt, ich hatte aber, was der Mühlknecht jetzt in Worten aussprach, in ihr sonst nur geahnet, wenn ich in stiller Mitternacht auf den weiten Marktplatz herniedersah, oder nächtlich durch die verlassenen Gassen ging, und mir dann unwillkürlich gewisse Ortsbenennungen einfielen, als ›hinter dem alten Schlosse, in dem Hexengäßchen, hinter der Gruft, im Rittersaale‹.«

Bis heute beeindruckt das große Haus am Marktplatz 8, in Kerners Kindheit Oberamtei, inzwischen Evangelisches Dekanat. Den Blick von den Fenstern des Obergeschosses auf den weiten, arkadenumstandenen Platz wusste auch der württembergische Herzog Karl Eugen zu schätzen und zog während der Venezianischen Messen mit seiner Gemahlin Franziska dort ein: »Meine Eltern mußten da jedesmal Raum schaffen. [...] Der Herzog mit seinem goldbordierten Hütchen, seiner mit Buckeln versehenen, gepuderten Frisur mit einem Zöpfchen, seinem kirschroten Rocke, seiner gelben Pattenweste, seinen gelben Hosen, hohen Stiefeln und Stiefelstrümpfen, und die Herzogin in weitem Reifrocke mit schlanker Taille, hoher gepuderter Frisur, auf der hoch oben eine gelbe Bandschleife wie ein Kanarienvogel saß, sind meine ganz im Nebel schwimmenden, traumhaften Erinnerungen.«

Das erstaunt freilich nicht, denn Justinus Kerner, der uns diese Rokoko-Pracht in seinem *Bilderbuch aus meiner Knabenzeit* so anschaulich schildert, hat sie nicht als Augenzeuge erlebt, seine Eltern und

Äols- oder Windharfe. Zeichnung aus dem Jahr 1801

älteren Geschwister werden ihm davon erzählt haben. Denn als der jüngste Sohn des Oberamtmanns und Regierungsrats Christoph Ludwig Kerner und seiner Frau Friederike Luise, geborene Stockmayer, am 18. September 1786 geboren wurde, hatte der Herzog diese Festivitäten längst mit seinem Regierungssitz nach Stuttgart verlegt.

Authentisch sind aber Kerners Erinnerungen an den Dichter Christian Friedrich Daniel Schubart, der nach seiner zehnjährigen Gefangenschaft auf dem Hohenasperg gelegentlich zu Besuch kam und in der Oberamtei Klavier spielte, an das Marschieren der nach Holland verkauften Truppen und an den nächtlichen Leichenzug des Herzogs zur Gruft im Corps de Logis des Schlosses im Oktober 1793. Dort pflegten die Ludwigsburger Knaben später gerne zu spielen, und Kerner berichtet im *Bilderbuch*, wie sie eine große, tragbare Camera obscura öfter in den Schlosspark brachten und sich »mit den Bildern, dem Favoriteschlößchen, der Emichsburg und den Steinbildern auf den Dächern des Schlosses, die sich ihr präsentierten«, unterhielten. »Einmal glaubten wir, es könne dies auch im Mondenscheine geschehen und würde da noch wundersamer sein. Nicht ohne Zagen trugen wir daher einmal die Camera obscura in die Mondnacht hinaus und setzen sie auf das Plateau des Schlosses nicht weit von der Gruft. Wir wagten lange nicht hineinzusehen, faßten aber endlich den Mut, lüfteten den Vorhang und sahen hinein; aber in demselben Augenblicke packte uns ein Schauer, wir ergriffen die Flucht und jeder meinte etwas Entsetzliches gesehen zu haben.«

Ergreifend schmerzvolle Töne

In schneereichen Wintern war das Schlittenfahren ein anderes beliebtes Knabenspiel: Die Bahn führte vom Holzmarkt, wo heute der Obelisk an die vier berühmten Ludwigsburger Söhne – Justinus Kerner, Eduard Mörike, Friedrich Theodor Vischer und

David Friedrich Strauß – erinnert, den Kaffeeberg hinunter bis zum Tor des Schlossgartens. Diesen Weg haben wir heutigen Besucher vom Marktplatz auch genommen, durchqueren die beiden imposanten Höfe und wenden uns Richtung Märchengarten.

»Zum 200-jährigen Kerner-Jubiläum wollten sie in der Emichsburg wieder eine Harfe aufstellen«, berichtet der Äolsharfenbauer Helmut Betz aus Weinsberg. Als er damit durch den Park gelaufen sei, habe sie ganz wunderbar angefangen zu klingen, aber die Leute und Touristen hätten es gar nicht bemerkt, der Lärmpegel war viel zu hoch. »Die Windharfe war auch nicht lange in der Emichsburg installiert. Sie hat nicht allzuoft geklungen. Und wenn das dann doch der Fall war, hat's niemand gehört oder beachtet. Dann haben sie die Klänge auf

Blick vom Schloss in Ludwigsburg gegen die Favorite, Aquatinta von Friederich Weber, um 1810

Die Ludwigsburger Emichsburg, Farblithographie von Johann Christian Ludwig Ebner

Tonband aufgenommen und das Band abgespielt. Aber das ist ja doch auch nicht das Wahre. Für die Äolsharfe braucht man Geduld.«

In den Jahren 1802/03 wurde die Emichsburg von Hofbaumeister Nikolaus Friedrich von Thouret als mittelalterliche Burgruine am Rande des Felsabsturzes zum Unteren Ostgarten hin erbaut und nach einem der ältesten Grafen von Württemberg benannt.

Eine romantische Anmutung erzeugen die beiden miteinander verbundenen, aus groben Sandsteinquadern gemauerten Türme, in denen die mehr als 150 Stufen zählende Wendeltreppe aus dem tiefen Fels bis zur oberen Turmspitze führt, das schmiedeeiserne Balkönchen, die Terrasse mit Blick auf das Schloss und den tief unten gelegenen See, wo eine Quelle durch Felsengestein plätschert.

In einer Nische steht die Skulptur eines Laute spielenden nackten Knaben und über der Tür wacht ein Löwe. Aus unserer

Zeit stammt Rapunzels Zopf, der aus einem der vergitterten Fenster herunterhängt und auf den nahe gelegenen Märchengarten verweist.

Neben dem meist verschlossenen Eingang wächst eine wilde Rose und erinnert an Eduard Mörikes Gedicht:

An eine Äolsharfe

> Tu semper urges flebilibus modis
> Mysten ademptum: nec tibi Vespero
> Surgente decedunt amores,
> Nec rapidum fugiente Solem.
> Hor.

Eduard Mörike, Zeichnung von Johann Georg Schreiner aus dem Jahr 1824

Angelehnt an die Epheuwand
Dieser alten Terrasse,
Du, einer luftgebornen Muse
Geheimnißvolles Saitenspiel,
Fang' an,
Fange wieder an
Deine melodische Klage!

Ihr kommet, Winde, fern herüber,
Ach! von des Knaben,
Der mir so lieb war,
Frisch grünendem Hügel.
Und Frühlingsblüthen unterweges streifend,
Übersättigt mit Wohlgerüchen,
Wie süß bedrängt ihr dieß Herz!
Und säuselt her in die Saiten,
Angezogen von wohllautender Wehmuth,
Wachsend im Zug meiner Sehnsucht,
Und hinsterbend wieder.

Wir sind neugierig ...

... was Sie von dem Buch halten, dem Sie diese Karte entnommen haben.

Titel des Buches:

Wie wurden Sie auf dieses Buch aufmerksam?

Bitte schreiben Sie uns ganz offen Ihre Meinung! Sie ist wichtig für unsere weitere Verlagsarbeit.

Im Silberburg-Verlag erscheint »**Schönes Schwaben**« – die farbige Monatszeitschrift zu Kultur, Geschichte, Landeskunde. Informativ und unterhaltsam, aktuell und zeitlos. Mit traumhaft schönen Fotos und interessanten Artikeln von kompetenten Autoren. Das Magazin, in dem auch die schwäbische Mundart gepflegt wird. Sollen wir Ihnen ein kostenloses Probeheft senden?

☐ Ja ☐ Nein

Der Silberburg-Verlag hat sich auf Themen aus Baden-Württemberg spezialisiert. Haben Sie dazu Vorschläge, zum Beispiel zu neuen Büchern?

... Sie auch?

Dann tragen Sie bitte umseitig Ihre Anschrift ein. Sie erhalten fortan regelmäßig Prospekte und Informationen über unsere neuen Bücher.

Absender (bitte gut lesbar schreiben):

Name _____

Straße _____

PLZ, Ort _____

Beruf _____ Alter _____

Für Silberburg-Bücher interessiert sich auch:

Bitte als Postkarte frankieren

Postkarte – Antwort

Silberburg-Verlag
Titus Häussermann GmbH
Schönbuchstraße 48

D-72074 Tübingen

> Aber auf einmal,
> Wie der Wind heftiger herstößt,
> Ein holder Schrei der Harfe
> Wiederholt, mir zu süßem Erschrecken,
> Meiner Seele plötzliche Regung;
> Und hier – die volle Rose streut, geschüttelt,
> All' ihre Blätter vor meine Füße!

Das vorangestellte Horaz-Zitat lautet in der Übersetzung von Johann Heinrich Voß: »Du trauerst endlos durch Melodien des Grams / Um Mystes Abschied, weder wenn Hesperus / Aufsteigt, träumt dein Geist die Sehnsucht, / Noch, wenn der Sonne Gewalt er fliehet.« Es verweist auf die Äolsharfe als ambivalentes Motiv von Totenklage oder Memento mori einerseits und andererseits der poetischen Inspiration; in vielen Texten von Droste-Hülshoff, Eichendorff, E. T. A. Hoffmann, Jean Paul, Lenau und anderen ist es zu finden.

Mörikes Gedicht spielt auf zwei schicksalhafte Begebenheiten im Sommer 1824 an: auf den plötzlichen Tod des jüngeren Lieblingsbruders August und die endgültige Trennung von Maria Meyer, seiner »Peregrina«.

Später erinnert sich Eduard Mörike immer wieder an diesen Ort der Kindheit, so in einem Brief an seine Braut Luise Rau:

»Wir durchstrichen die melankolischen Gänge der königl. Anlage; in der Emichsburg hört ich die Windharfen flüstern wie sonst, die süßen Töne schmolzen alles Vergangene in mir auf – ich sah die unterirdisch aufbewahrten Ritter-antiquitäten wieder, die ich als Knabe, des Jahres einmal, mit schüchterner Ehrfurcht betrachten durfte, ich sah vom Thurm die Umgegend, die Wege all wo wir Kinder mit Vater u. Mutter ausflogen!!«

An den Freund Johannes Mährlen schreibt er: »Ach! wie müssen jetzt die gelben Häuser, die breiten Straßen in Ludwigsburg im Sonnenschein so freundlich aussehen! ich denke mir,

Du seyst jetzt in den Anlagen u. beugest Dich nachdenklich über das eiserne Geländer der Emichsburg – – Mir geht das Herz auf«. Und an Friedrich Theodor Vischer formuliert er über dessen Gedicht »Wunder«: »Es reizt recht zur Composition; doch wüßte ich für den Refrain keinen entsprechenden musikalischen Ausdruck. Das ist ein Laut, wie man ihn an langen Sonntag-Nachmittagen zuweilen aus einem der Fenster des Emichsthurm in Ludwigsburg vernimmt.«

Als seine Schwester Klara 1848 mit der späteren Ehefrau Mörikes, Margarethe Speeth, nach Ludwigsburg fährt, zeigt sie ihr zu seiner Freude die Lieblingsorte: »Wie freut es mich, daß Gr. unsre Vaterstadt so liebgewann u. daß Du den gescheidten Einfall hattest, sie in die Anlagen und nach der Emichsburg zu führen, wo ich so manchesmal, als Knabe schon, den Äolsharfen zuhörte.«

Einen Harfenton, so berichtet der Mörike-Biograf Albrecht Goes, habe Mörike am Abend seines 70. Geburtstag gehört und gewusst, dass es sein letzter Geburtstag war.

Einen ähnlichen, wie bei Mörike sich durch das ganze Leben hindurchziehenden Kontrapunkt bildete die Äolsharfe bei Justinus Kerner. Er ließ nicht nur in der Burg Weibertreu oberhalb von Weinsberg Äolsharfen anbringen, sondern versuchte auch, diese zauberhaften Klänge zu imitieren. Im *Bilderbuch aus meiner Knabenzeit* erzählt er:

»Noch auf eine andere Kunst brachte mich mein Bruder Georg, auf das Spiel der Maultrommel. [...] Von da an übte ich mich [...] und brachte es auf diesem Instrument so weit, daß ich auf demselben eigentümliche Töne und Weisen fand, wodurch ich durch mein ganzes nachfolgendes Leben Hunderte von Menschen und mich selbst am meisten erfreute. Ich brachte es so weit, daß ich mein tiefstes Inneres, mein ganzes Gemüt, meinen Kummer, jeden leisen ungeborenen Seufzer in die Töne dieses Instruments legen und in ihnen ausdrücken konnte. Es klang bei

Rechte Seite: Justinus Kerner wird beim Maultrommelspiel von einer Erscheinung überrascht. Selbstporträt.

mir nicht wie die Weisen der Tyroler, nicht zitherartig, mehr wie die Töne einer Äolsharfe, die vor allen den tiefen Schmerz, der in der Natur liegt, ausdrücken. So konnte ich, wie die Natur die Saiten der Äolsharfe, in die Zunge dieses Instruments all die

Justinus Kerner, Zeichnung von 1846

Trauer meines Herzens legen. Ich machte die Beobachtung, daß die Töne der Äolsharfe vor und bei einem Regen am ergreifendsten, schmerzvollsten sind, und so waren es auch die Töne meiner Maultrommel in den Stunden der Tränen, in stiller Nacht, mit mir allein.«

Es verwundert kaum, dass auch in Kerners *Reiseschatten* immer wieder Äolsharfen flüstern, und zwar meist in der (nächtlichen) Szenerie eines Klosters, wo sich dann sehend, lauschend, riechend die Sinne leicht ein wenig verwirren:

»Sanft säuselte jetzt der Wind durch die Blumen, so vor dem Fenster stunden, und füllte mit süßen Düften die Zelle; lauter und immer lauter aber, wie der Zug des Windes stieg, erklangen die Töne einer Äolsharfe, die wie ich jetzt erst bemerkte, vor einem Nebenfenster zwischen Blumen stund. So war es, als strömten die Blumen tönende Düfte aus, und sängen einander in Wechselchören zu.«

*»Aber schön ist der Ort, wenn in Feiertagen des Frühlings
Aufgegangen das Thal«*

Stuttgart

»Wie er jetzt vor dem oberen Thor draußen war, zween Bogenschüsse oder drei, kam er an eine Brücke: da mußte er ein wenig niedersitzen, die Thürme seiner Vaterstadt, das Grafenschloß, die Häuser und Mauern noch einmal in der Morgensonne besehen; dann, eh' er weiter ging, fiel ihm noch ein: hier könnt' ich das Paar Schuh auf den Brückenrand stellen. Er that's und zog fürbaß. – Eine Stunde über die Weinsteig hinaus kommt er in einen grünen Wald« und bald sieht er dann auch »die Alb als eine wundersame blaue Mauer ausgestreckt.« Als sich Eduard Mörikes Schustergeselle Seppe am Anfang des *Stuttgarter Hutzelmännlein* mit den geschenkten Zauberschuhen und dem Hutzelbrot auf die Walz begibt, führt sein Weg selbstverständlich hinaus aus Stuttgart über die Weinsteige auf die Höhe, zunächst nach Degerloch. Und als er nach vielen Abenteuern zurückkehrt, verläuft sein Weg gerade in umgekehrter Richtung, und da er »nun um die Mittagszeit seine Vaterstadt im lichten Sonnenschein und Rauch vom Berg aus liegen sah, [...] brannten ihm die salzigen Tropfen vor Freuden im Aug und waren seine Füße bald wie neugeboren.«

Schon zur Zeit von Mörikes Märchen und bis ins 19. Jahrhundert war die Alte Weinsteige – die natürlich erst 1831, nach dem Bau der östlich gelegenen, weniger steilen »Neuen Weinsteige«, den Beinamen »Alte« erhielt – die wichtigste Verbindung von Stuttgart gen Süden. Sie war Teil der so genannten Schweizer Straße zwischen Frankfurt und Sankt Gallen. Auf dieser Chaussee verkehrten mehrmals wöchentlich die Post und später Eilwagen, die meisten Reisenden waren in jener Zeit aber zu Fuß unterwegs. Der dichtende Oberamtsrichter Karl Mayer erinnerte sich noch im Alter schwärmerisch: »Waren es nicht noch in ihrer Art schöne Zeiten, als junge rüstige, geisteslebendige Männer, wie der Tübinger Prokurator [Albert] Schott und Uhland, es nicht verschmähten, den waldreichen siebenstündigen Weg zwischen Stuttgart und Tübingen über Echterdingen und Waldenbuch und über die famosen sieben Berge zu Fuß zu machen, und ist es zu verwundern, wenn mich, der ich dieses Wegs auf gleiche Weise so oft in meinem Leben gewandert bin, noch später nicht selten die Sehnsucht anwandelte, diese nun so verlassene Straße in derselben Art noch einmal zu bewandern?«

Ob Ludwig Uhland es immer genossen hat, wenn er in seiner Zeit als Advokat und später als Abgeordneter der Ständeversammlung oft zwischen Stuttgart und Tübingen hin- und herwanderte? Dass er auf dieser Strecke seinen Gedichtzyklus »Graf Eberhard, der Rauschebart« begonnen, Justinus Kerner sein »Wanderlied« und Nikolaus Lenau seine Ballade »Der Postillon« gedichtet haben soll, ist gut vorstellbar, kommen einem doch beim einsamen Gehen oder in der Postkutsche Ideen und Rhythmen in den Kopf. In wenigen Texten wird der Ort so genau benannt wie in Friedrich Hölderlins Fragment »Ihr sichergebauten Alpen«, in dem es heißt:

> Und Stutgart, wo ich
> Ein Augenblicklicher begraben
> liegen dürfte, dort
> Wo sich die Straße bieget, und
> um die Weinstaig.
> Und der Stadt Klang wieder
> Sich findet drunten auf ebenem Grün
> Stilltönend unter den Apfelbäumen.

Rechte Seite:
Seppe und die
Zauberschuhe.
Scherenschnitt
von Luise
Walther, 1853

Dennoch ist gerade bei Hölderlin Vorsicht geboten, denn seine Landschaften sind immer auch mythisch und die bezaubernden

Eh' er weiter ging, fiel ihm noch ein:
Hier könnt ich das Paar Schuh auf den Brückenrand stellen.

Stuttgart um 1800 mit dem Alten Schloss, dem Neuen Schloss, daran angebaut die vormalige Hohe Karlsschule

Metaphern in seiner großen Elegie »Der Gang aufs Land« nicht unbedingt Abbilder der Realität – auch wenn man bei der Umrundung des Tals auf den Höhenwegen seine Verse visualisiert glaubt:

[...] Aber schön ist der Ort, wenn in Feiertagen des Frühlings
Aufgegangen das Thal, wenn mit dem Neckar herab
Weiden grünend und Wald und all die grünenden Bäume
Zahllos, blühend weiss, wallend in wiegender Luft,
Aber mit Wölkchen bedeckt an Bergen herunter der Weinstock
Dämmert und wächst und erwarmt unter dem sonnigen Duft.

Oder wie es in der Ode auf »Stutgard« heißt:

[...] Denn mit heiligem Laub umkränzet erhebt die Stadt schon,
Die gepriesene, dort leuchtend ihr priesterlich Haupt.

Die Stuttgarter Silberburg, kolorierter Stahlstich, um 1820

Herrlich steht sie und hält den Rebenstab und die Tanne
Hoch in die seeligen purpurnen Wolken empor.
Sei uns hold! dem Gast und dem Sohn, o Fürstin der Heimath!
Glükliches Stutgard, nimm freundlich den Fremdling mir auf!
[…]

Was das stille Tönen und die allgegenwärtige Natur anbelangt, so hat sich seit zweihundert Jahren vieles verändert, denn seither sind die Hänge weitgehend bebaut und besiedelt worden.

Noch immer aber kann man Friedrich Nicolai folgen, der in seiner *Beschreibung einer Reise durch Deutschland und die Schweiz im Jahre 1781* lobte: »Was Stuttgart am meisten verschönert, sind die nahegelegenen grünbewachsenen Hügel, der Hasenberg […], die herrliche Weinsteige (auf dem Wege nach Hohenheim und Tübingen), und der Bopserberg. Einen oder mehrere von diesen Bergen sieht man von fast allen Straßen.«

Märchen und ein Bestseller

Ludwig Uhland, Scherenschnitt von Luise Duttenhofer, 1817

Wer heute durch die Stuttgarter Innenstadt flaniert, kann sich nur schwer in die Zeit der Romantik versetzen. Die Schauplätze jener Epoche existieren längst nicht mehr. Nicht die Silberburg am Fuße des Reinsburghügels, das beliebte Ausflugslokal der Museumsgesellschaft und für Jean Paul bei seinem Besuch in Stuttgart »die schönste Stelle«, und nicht Ludwig Uhlands Wirtshaus »Zum Schatten« hinter dem Marktplatz, das er bedichtet hat:

> Ich weiß mir einen Schatten,
> Da fließt ein kühler Quell,
> Der stärket jeden Matten,
> Der quillt so rein, so hell;
> Er ist von edlem Schlage
> Und strömt nicht Wasser – nein
> Der Quell, von dem ich sage,
> ist ächter, goldner Wein. [...]

Auch der »König von England« in der Dorotheenstraße ist nicht mehr zu sehen. Jenes um 1800 vornehmste Hotel der Stadt, in dem Jean Paul, Bertel Thorvaldsen und Frédéric Chopin abgestiegen sind, von dessen Küche Ludwig Börne schwärmte – dem es aber auch die Gegend um Stuttgart, die »hohen Berge« und die »guten Leute« angetan hatten – und in dessen Speisesaal Wilhelm Hauffs Novelle *Die Bettlerin vom Pont des Arts* beginnt.

Außer dem Hegel-Haus, in dem der Philosoph 1770 geboren wurde, steht heute kein einziges Geburts- oder Wohnhaus eines der bekannten Protagonisten jener Zeit mehr. Überdauert hat aber ein schmales Häuschen in der Kanalstraße hinterm Charlottenplatz, das in Hauffs Zeichnung seines Studierzimmers durchs Fens-

Jean Paul beim Picknick (stehend; rechts sitzend mit Zylinder: Uhland), Zeichnung aus dem Jahr 1819

ter zu sehen ist. Es beherbergt seit 1983 das Stuttgarter Schriftstellerhaus.

Von Oktober 1824 bis April 1826 wohnte der junge Dichter bei der Familie von Hügel im Charlottenbau und unterrichtete als Hauslehrer die beiden Söhne des Kriegsministers Ernst Eugen Freiherr von Hügel. Diese Hofmeisterstelle scheint Hauff nicht allzu sehr gefordert zu haben, denn er schrieb in diesen Jahren seine Märchen – Der *Mährchen-Almanach auf das Jahr 1826 für Söhne und Töchter gebildeter Stände* erschien als erster von dreien im Metzler Verlag – sowie die *Mittheilungen aus den Memoiren des Satan*, *Der Mann im Mond* und seinen Bestseller *Lichtenstein*, die von den Brüdern Franckh veröffentlicht wurden.

Bevor er mit Jahresbeginn 1827 die Redaktion des *Morgenblatts für gebildete Stände* übernahm und im Februar seine Cousine Luise heiratete, ging er auf eine mehrmonatige Reise nach

Frankreich, Holland und Norddeutschland, die »ihn nach dem Ehebette« bringen sollte. Nach der Heimkehr schrieb der oft so ironische und satirische Kritiker der biederen schwäbischen Gesellschaft in einem Brief an seinen Freund Moriz Pfaff:

»Ich habe viele Bilder in diesem Leben gesehen, gedacht, auch wohl erfunden und niedergeschrieben, aber keines hat mir so gefallen wie ein Stilleben, das ich Dir beschreiben will. Denke Dir ein kleines, warmes Stübchen: es ist tief am Abend und die Kerze auf dem Tisch beinahe abgebrannt. Eine Thür ist geöffnet in ein Schlafzimmer, was an zwei Betten bemerklich, vielleicht um dort ein wenig warm zu halten. Auf dem Sofa hinter dem Tisch und dem Stümpfchen Licht sitzt ein Mann im Pelzschlafrock; er schreibt. Neben ihm sitzt eine junge Frau; sie hat das Strickzeug in den Schoß sinken lassen. Sie heftet ihr Auge voll Liebe auf den Schreibenden, sie scheint über ihn nachzudenken, und das Licht, das auf ihre angenehmen Züge fällt, zeigt,

Hauffs Ehefrau Luise, Miniatur von Johann Michael Holder, 1824

daß ihre Gedanken ein zufriedenes, glückliches Resultat geben können. – Jetzt sieht der Mann von seiner Arbeit auf, er sieht die Frau voll Wonne an, und Du, wenn Du zufällig statt des Mondes ins Stübchen schautest, würdest Deinen glücklichen Freund erkennen.«

Linke Seite: Wilhelm Hauffs Zimmer in Stuttgart, eigenhändige Zeichnung, um 1825

Titel und Frontispiz aus Hauffs *Maehrchenalmanach*, 1827

Dieses Idyll, in der Wohnung auf dem Bollwerk in der Gartenstraße angesiedelt, krönte Hauff allerdings mit der Frage, womit er es verdient habe, »das Flügelroß im häuslichen Stall einzustellen«. Ahnte er, dass es nicht von Dauer sein würde? Am 18. November, eine Woche nach der Geburt seiner Tochter Wilhelmine, starb Wilhelm Hauff, nicht einmal 25-jährig. Drei Tage später wurde er auf dem Stuttgarter Hoppenlau-Friedhof begraben; Zeitgenossen berichten, dass »die Theilnahme, welche Hauffs Tod erregte, [...] groß und allgemein, hier und im ganzen Lande« gewesen sei. Sein Verleger Franckh versammelte die Trauergedichte, darunter Gustav Schwabs Carmen »O heller Tag dunkles Ende, Tod« und Ludwig Uhlands Nachruf »Auf Wilhelm Hauff's frühes Hinscheiden«:

> Dem jungen, frischen, farbenhellen Leben,
> Dem reichen Frühling, dem kein Herbst gegeben,
> Ihm lasset uns zum Totenopfer zollen
> Den abgeknickten Zweig – den blüthenvollen.
>
> Noch eben war von dieses Frühlings Scheine
> Das Vaterland beglänzt. Auf schroffem Steine,
> Dem man die Burg gebrochen, hob sich neu
> Ein Wolkenschloß, ein zauberhaft Gebäu.
> Doch in der Höhle, wo die stille Kraft
> Des Erdgeists räthselhafte Formen schafft:
> Am Fackellicht der Phantasie entfaltet
> Sahn wir zu Heldenbildern sie gestaltet;
> Und jeder Hall in Spalt und Kluft versteckt,
> Ward zu beseeltem Menschenwort erweckt. [...]

Analog der Anspielung bedeckt ein Felsblock vom Lichtenstein das Grab, darauf steht eine Lyra und alles ist von Efeu umwachsen.

Wilhelm Hauffs Grab auf dem Stuttgarter Hoppenlau-Friedhof, Fotografie, Anfang des 20. Jahrhunderts

Wir sind auf dem Hoppenlau-Friedhof angekommen, einem verwunschenen Ort mitten in Stuttgart, eingekreist von Liederhalle und Kongresszentrum, Universitätsgebäuden, Alter Reithalle, Hotelkomplex und Boschareal, in dem seit 2001 das Literaturhaus sein Domizil hat. Auf diesem ältesten Friedhof Alt-Stuttgarts, 1626 außerhalb der Stadtmauer vor dem Büchsentor angelegt, haben viele der Literatur verbundene Persönlichkeiten ihre letzte Ruhestätte gefunden: Christian Friedrich Daniel Schubart, Johann Friedrich Cotta und die Verlegerbrüder Franckh, der Epigrammatiker Friedrich Haug, der Kritiker Wolfgang Menzel und Hermann Hauff, der in der Nachfolge seines Bruders Wilhelm über Jahrzehnte das *Morgenblatt* redigierte, der Kaufmann und Kunstförderer Gottlob Heinrich Rapp, die Silhouettenschneiderin Luise Duttenhofer, die Komponistin Emilie Zumsteeg und die Sängerin Agnese Schebest sowie die Ehepaare August und Mariette Hartmann, Emilie und Georg von Reinbeck, Gustav und Sophie Schwab, von deren Gastfreundschaft im Folgenden die Rede sein wird.

Die Schwabsche Wohnung in der Hohen Straße war – vor und nach den Jahren in Gomaringen – ein beliebter Treffpunkt für Schriftsteller aus dem ganzen deutschen Sprachraum, »ein literarisches Hauptquartier«, in dem ein Besucher dem anderen folgte, wie Sophie Schwab einmal bemerkte. Sie nahm sich gerne ihrer an.

Das Ideal eines Dichterbildes

Im August 1831 kommt Nikolaus Lenau (eigentlich Nikolaus Franz Niembsch Edler von Strehlenau) nach Stuttgart und berichtet, dass Gustav Schwab schon bei der ersten Begegnung mit ihm »enthusiastisch« von seinen »Poesien ergriffen« gewesen sei. Es schmeichelt ihm natürlich, »wie jeder bessere Gedanke sogleich zündete in dem empfänglichen Gemüte dieses Mannes; eine solche Wirksamkeit hätte ich meinen Leistungen nicht zugetraut, ist auch vieles davon auf die große Lebhaftigkeit Schwabs zu setzen«. Dieser führt den Gast gleich in den Leseverein ein, liest »mit großem Feuer« dessen Gedichte vor und am Ende des Abends hat man bereits Bruderschaft getrunken. »Einige Stunden waren genug, uns zu Freunden zu machen«, resümiert Lenau begeistert, und: »In drei Monaten ist man hier mehr bekannt als in Wien in drei Jahren.«

Tatsächlich schließt der junge Dichter aus Ungarn, der eigentlich nach Süddeutschland gekom-

Nikolaus Lenau, Aquarell von Mariette Zoeppritz, um 1835

men ist, um in Heidelberg ein Semester Medizin zu studieren, zahlreiche Freundschaften, unter anderem mit Ludwig Uhland und Graf Alexander. Er reist zu Kerner nach Weinsberg, unterschreibt – durch Schwabs Vermittlung – mit Cotta einen Vertrag über einen Gedichtband und bezaubert die Damen der Gesellschaft.

Emma von Suckow, die unter dem Namen Niendorf Reiseberichte, Erzählungen und ein Buch über *Lenau in Schwaben* verfasst hat, gibt eine anschauliche Schilderung von ihrer ersten Begegnung: »Als ich bei Hofrat von Reinbeck in den Salon trat, war Herr von Niembsch noch nicht da. Die Hausfrau führte mich ihm bei seinem Eintreten gleich zu. Da stand er nun vor mir, und nur schüchtern sah ich ihn an – ganz der schöne, bedeutungsvolle Kopf, den ich kenne. Die Gestalt ist kleiner als ich dachte. Er sieht sehr bleich und düster aus. Leidenschaften und Denken haben Furchen gezogen auf dieser edlen, ich möchte sagen königlichen Stirne. Er sprach nicht viel und zog sich meist zurück in eine Ecke oder in das Nebenzimmer. Beim Thee wechselten wir die ersten Worte; über Kerner.« Sie beobachtet ihn im Gespräch mit Graf Alexander und als sie später noch einmal Gelegenheit hat, mit ihm zu plaudern, »wobei er mir mit seinen ganz geistleuchtenden Augen bis in's Herz hinein sah«, empfindet sie seine »Geistermacht. Er hat wirklich etwas Schauerliches, Überwältigendes und Holdes zugleich. Er elektrisiert damit.«

Emma Niendorf kannte den Kopf, »das Ideal eines Dichterbildes«, bereits von dem Porträt, das ihre Freundin Emilie Reinbeck – die Hausfrau der beschrieben Szene – von Lenau gemalt hatte und das bei ihr im Wohnzimmer hing.

Nikolaus Lenau nennt die Hofrätin Reinbeck eine ausgezeichnete Landschaftsmalerin und ist sehr angetan von ihren Illustrationen zu seinem Gedicht »Waldkapelle«; nach einem gemeinsamen Ausflug schreibt er ihr »In das Stammbuch einer Künstlerin«:

Nach langem Wege durch die Sommerschwüle
Rauscht uns ein Wald entgegen seinen Gruß,
Uns übergoß die Luft mit süßer Kühle,
Die Blätternacht mit ihrem Labekuß.
Uns, wie wir aus den heißen, hellen Triften,
Wo mühend sich der Mensch dem Leben weiht,
Ins Waldgeheimnis weiter uns vertieften
Und in dem Schatten Gottes: Einsamkeit; –
So flohen deine heiteren Gespräche
Fort von des Lebens wüstem steilem Hang
Waldein und wanden sich als klare Bäche
Durchs Labyrinth der Kunst mit leisem Klang.
Auf ihren Wellen bebten die Gestalten
Von all den Blumen, die ihr Lauf berührt;
Ich aber sah, nachhängend ihrem Walten,
Die froh erstaunte Seele mir entführt.

Emilie Reinbeck, geborene Hartmann, Aquarell von Mariette Zoeppritz, um 1835

Von diesem Solitude-Spaziergang mehrerer Stuttgarter Familien ist allerdings auch eine andere Erinnerung überliefert: Lenau unterhält sich demnach nämlich nur aus Artigkeit mit Emilie Reinbeck über Kunstgegenstände. Eigentlich sieht er immer zu Lotte und will »des Teufels« werden; er hat sich – wie offenbar meistens gleich auf den ersten Blick – in Charlotte Gmelin, eine Nichte von Sophie Schwab, verliebt. Die Liebesgeschichte verläuft unglücklich, und Lenau dichtet unter dem Eindruck der Trennung die »Schilflieder«, in denen die Naturerscheinungen am Vogelsangsee im Stuttgarter Westen mit den menschlichen Empfindungen korrespondieren:

Schilflieder

Drüben geht die Sonne scheiden,
Und der müde Tag entschlief.
Niederhängen hier die Weiden
In den Teich, so still, so tief.

Und ich muß mein Liebstes meiden:
Quill, o Träne, quill hervor!
Traurig säuseln hier die Weiden,
und im Winde bebt das Rohr. [...]

Georg von Reinbeck, Aquarell von Mariette Zoeppritz, um 1835

Der Zyklus aus fünf Gedichten wurde im *Morgenblatt* abgedruckt, von Emilie Reinbeck illustriert und später von Emilie Zumsteeg vertont.

Nikolaus Lenau weilt nach der Rückkehr von seiner Amerika-Reise 1833 fast jedes Jahr in Württemberg. In Stuttgart wohnt er dann meistens im Hause Hartmann-Reinbeck, über das er notiert: »Was Traulicheres Liebevolleres gibts nicht als das Zusammenleben dieser Menschen.« Und: »Alle Schöngeister, die nach Stuttgart kommen, haben sich in diesem Hause eingefunden. Matthison, Tieck, Jean Paul, Rückert u.a. waren oder sind noch intime Hausfreunde. Ich bringe täglich mehrere Stunden zu mit den geistreichen Frauenzimmern.«

Ein schwäbischer Salon

Über drei Generationen war erst das Haus des Domänenrats Johann Georg Hartmann in der damaligen Casernenstraße

Salon im Hartmann-Reinbeckschen Haus

(heute Ecke Fritz-Elsas-/Leuschnerstraße), dann die Wohnung seines Sohnes Johann Georg August Hartmann mit Ehefrau Mariette in der Langen Straße und ab 1826 die Wohnung seiner Tochter Emilie in der Friedrichstraße das, was man sich als Zentrum des gebildeten Stuttgart und Anziehungspunkt für Durchreisende vorstellt. Hier weilten oder verkehrten Schubart, Goethe und Schiller, Nicolai und Jung-Stilling; hier war Jean Paul bei seinem Stuttgarter Aufenthalt im Sommer 1819 häufig zu Gast und nahm gerührt Abschied. Hier war der Ort des »Lesekränzchens«, der bescheideneren schwäbischen Variante des romantischen Salons, dem die Familien Wangenheim, Schwab, Matthison und Therese Huber angehörten. Und hier fand die Scherenschneiderin Luise Duttenhofer die Vorbilder für ihre so virtuosen wie originellen Porträts, die durchaus ambivalente Reaktionen hervorrufen konnten, wie man Friedrich Haugs Epigramm entnimmt:

> Ich fürchte die Schere der Parzen sehr;
> Doch, weiblicher Hogarth, die Deine mehr.

Linke Seite: Eduard Mörike, Daguerreotypie aus dem Jahr 1855

Stuttgart 165

Zusatz.
Allein – ich sag's mit Offenheit –
Trotz heimlicher Betroffenheit
Bewundr' ich die Getroffenheit.

Im Oktober 1844 erleidet Nikolaus Lenau im Hartmann-Reinbeckschen Haus einen schweren psychischen Zusammenbruch, wird von Emilie hingebungsvoll gepflegt, aber muss schließlich als unheilbar in die Heilanstalt Winnental eingewiesen werden. Sie verfasst einen erschütterten Bericht über »Lenaus Erkranken«, das »einen schwarzen Schleier auf den Rest meines Lebens geworfen hat, den nur der Tod weg nehmen kann«.

Sie stirbt nur zwei Jahre später und Gustav Schwab hält bei ihrer Beerdigung eine liebevolle Gedächtnisrede und preist darin »dieses für alles Schöne, Edle und Gute begeistert fühlende Herz«. Vater und Ehemann, zwischen deren Grabsteinen ihr Grabmal liegt, folgen 1849; 1850, im selben Jahr wie Lenau, stirbt Gustav Schwab, 1851 zieht Eduard Mörike nach Stuttgart, weil er Schwabs Stelle als Deutschlehrer am Katharinenstift übernehmen kann. Er ist gerne hier spazieren gegangen, wurde jedoch nicht auf dem Hoppenlau-Friedhof begraben, weil dieser bereits aufgelöst und zum Park umgestaltet worden war. In der ersten Stuttgarter Zeit schrieb Mörike einige seiner schönsten späten Gedichte und sein Märchen vom *Stuttgarter Hutzelmännlein*, das man neben Hauffs *Lichtenstein* gewiss als das überzeugendste Werk der romantischen Epoche in Schwaben bezeichnen darf.

August Hartmann, Aquarell von Mariette Zoeppritz, um 1830

*»Wo ist eine Stelle in teutschen Landen,
die sich mit dieser messen könnte!«*

Der Lichtenstein, ein Märchenschloss der Romantik

Es gibt in Baden-Württemberg viele, ja hunderte von Burgen und Burgruinen. Doch keine ist so bekannt wie der Lichtenstein. Keine kommt ihm gleich, kann sich mit ihm messen. Für viele verkörpert er die mittelalterliche Ritterburg schlechthin: einmalig in der Kühnheit seiner Lage, einzigartig in seiner Gestalt und für immer verbunden mit Wilhelm Hauffs gleichnamigen Roman, der den Untertitel »Romantische Sage aus der württembergischen Geschichte« trägt.

Man kann über die künstlerische oder literarische Qualität des Hauffschen Ritter- und Liebesromans verschiedener Meinung sein, auch darüber, ob sein Verfasser mit Recht als deutscher Walter Scott bezeichnet werden darf, doch unstrittig ist, dass dieses Werk eine außerordentliche und außergewöhnliche Wirkung erzielte. Es hat nicht nur eine Welle der Begeisterung für Herzog Ulrich ausgelöst und dem gerade erst zwei Jahrzehnte alten Königreich Württemberg eine romantische Geschichtsepisode beschert, die sich vortrefflich als Integrationsfaktor für Neu- und Altwürttemberger eignete, sondern auch die im Roman beschriebene und mit Worten gemalte Burg Wirklichkeit werden lassen. So wie wir sie heute kennen, wurde sie, erbaut zehn Jahre nach dem Tod Hauffs, ein steinernes Denkmal seines literarischen Werks und ein weithin sichtbares Symbol sagenhafter württembergischer Geschichte.

Wilhelm Hauff schreibt fleißig und schnell

Als sich Wilhelm Hauff im Herbst 1825 an die Niederschrift seines Romans machte, war der 23-Jährige bereits weit über die Grenzen Württembergs hinaus bekannt und berühmt. Dazu hatten ihm die Mitte August 1825 erschienene Satire *Mittheilungen aus den Memoiren des Satans* und vor allem der nur wenige Tage später veröffentlichte *Mann im Mond* verholfen, den er dem erfolgreichen Vielschreiber Carl Gottlieb Heun (Pseudonym Heinrich Clauren) untergeschoben hatte. Das zog einen handfesten literarischen Skandal nach sich, den Hauff mit meisterlicher und spitzer Feder zu seinen Gunsten zurecht bog.

Vom Erfolg und der schöpferischen Leistung seines ungemein fleißig und schnell schreibenden Autors tief beeindruckt – schon im November 1825 kam sein nächstes Werk heraus, der erste *Mährchen-Almanach* –, begann Hauffs Stuttgarter Verleger Franckh mit dem Druck des *Lichtensteins*, bevor ihm das vollständige Manuskript vorlag. Der Verlagsvertrag datiert vom 3. Dezember 1825. »Ich muß ungeheuer arbeiten, dass mir die Druckerei nicht zuvor kommt«, meinte Hauff drei Monate später. Endlich, am 18. April, lag der letzte Teil gedruckt vor; nun konnten alle drei Bände ausgeliefert werden. Hauff erhielt von seinem Verleger 20 Bouteillen Wein und sechs Bouteillen Champagner. Zudem ein Honorar, das es ihm ermöglichte, die Hauslehrerstelle bei den Söhnen des Freiherrn Ernst Eugen von Hügel aufzugeben und eine siebenmonatige Bildungsreise anzutreten, ohne im Übrigen seine literarische Produktivität auch nur im Geringsten zu vermindern.

Viel Zeit ist ihm insgesamt nicht mehr geblieben: Wenige Tage vor seinem 25. Geburtstag, seit Februar 1827 mit seiner Cousine Luise Hauff verheiratet und am 10. November Vater einer Tochter geworden, starb er am 18. November 1827 in Stuttgart an einem »Fieber«. Drei Jahre literarischer Produktionszeit

Das Forsthaus Lichtenstein, Gemälde von Johann Jakob Müller, um 1830

nur waren ihm gewährt, drei Jahre, in denen zehn Bücher entstanden sind. Vor allem seine romantischen Märchen – *Die Geschichte vom kleinen Muck*, *Der Zwerg Nase*, *Das Kalte Herz* – leben fort bis heute. Am nachhaltigsten aber wirkte der *Lichtenstein*, der vielen als sein Hauptwerk gilt.

Ein historischer Roman à la Walter Scott

Wilhelm Hauffs Vorbild war der schottische Romancier Walter Scott, dessen historische Romane dem Zeitgeist entsprachen und – wie es im Vorwort zum *Lichtenstein* heißt – »in aller Munde« waren. »Einen historischen Roman à la Walter Scott musst du schreiben, sagte ich zu mir, denn nach allem, was man gegen-

Wilhelm Hauff, Gemälde, vermutlich von Eberhard Wächter, 1822

wärtig vom Geschmack des Publikums hört, kann nur diese und keine andere Form Glück machen.«

Hauff strotzte von Selbstbewusstsein: »Ich weiß, daß mir die Natur ein Talent gegeben hat, das man nicht an vielen findet; das Talent, irgendeinen Stoff mit einiger Leichtigkeit so zu wenden und zu behandeln, dass er für die Menge ergözlich und unterhaltend, für Viele interessant, für Manche sogar bedeutend ist. Dabey habe ich eine gewisse Sprachfertigkeit, wie sie hiezu nothwendig ist, erhalten«, erklärt er seinem Freund Moriz Pfaff in einem Brief am 7. September 1826.

Hauff hatte sich Scotts Werke besorgt und sie gründlich studiert. Nun wollte er, »die Aufmerksamkeit des Lesers« von den »Gebirgen des schottischen Hochlandes«, von den »Gefilden von Glasgow« oder von »Altenglands lustigen Sitten« hinweg »nach den Höhen der Schwäbischen Alb und nach den lieblichen Tälern des Neckars« führen. »Sind vielleicht jene Schotten ein interessanterer Menschenschlag als der, den unser Vaterland trägt, hatten ihre Väter röteres Blut als die Schwaben und Sachsen der alten Zeit, sind ihre Weiber liebenswürdiger, ihre Mädchen schöner als die Töchter Deutschlands?«, fragte Hauff in der Begründung seines Vorhabens und gab seinen rhetorischen Fragen selbst die Antwort: »Wir haben Ursache daran zu zweifeln.«

Wie Scott verknüpfte Hauff historische Ereignisse, Fakten und Personen mit einer spannenden, phantasievoll erfundenen Erzählhandlung. Eine Krise der württembergischen Landesgeschichte in der Reformationszeit, die Vertreibung Herzog Ulrichs von Württemberg durch das Heer des Schwäbischen Bundes 1519, seine Flucht und seine Wiederkehr 1534 bilden die historische Kulisse des Romans. Geschickt mixt Hauff die, historisch nicht haltbare, Sage vom Schloss Lichtenstein dazu, die Gustav Schwab in seinem 1823 erschienenen Führer *Die Neckarseite der Schwäbischen Alb* nach Martin Crusius überlieferte: »Darin [Lichtenstein] hat der vertriebene Fürst, Ulerich von Württemberg, öfters gewohnt, der des nachts vor das Schloß kam, und nur sagte: der Mann ist da! So wurde er eingelassen.« Die dem Schloss benachbarte Nebelhöhle, die sich seit einigen Jahren zu einer »touristischen Attraktion« entwickelt hatte, bezieht Hauff nun – geradezu genial – mit ein, indem er sie zum Aufenthaltsort Ulrichs des Tags deklarierte. »Schützende Burg und unterirdisches ›Palatium‹ lagen hier wie nirgends sonst beisammen.«

In diesem historischen und geographischen Rahmen stehen die neben Ulrich handelnden Personen, allesamt der Phantasie Hauffs entsprungen. Die Hauptfigur ist der junge, dem Schwäbi-

Nebelhöhle, Gouache von 1836

schen Bund zugewandte Ritter Georg von Sturmfeder, der in die Grafentochter Marie von Lichtenstein verliebt ist. Ihr zuliebe wechselt er die Front und wird zum Gefolgsmann Ulrichs, dem er schließlich nach dessen Niederlage zur Flucht außer Landes verhilft.

Ein besonderes Augenmerk legt Hauff wie Scott auf romantisch gefärbte, aber dennoch getreue Orts- und Landschaftsschilderungen. Er habe, schreibt er seinem Freund Moriz Pfaff am 1. März 1826, »auch in der Landschaftsmahlerey etwas weniges versucht und allen Eifer darauf verwendet«. Als der Pfeifer von Hardt Georg von Sturmfeder zu Ulrich in die Nebelhöhle führt, öffnet sich diesem eine fantastische Welt, die man noch heute so sehen und erleben kann, wie sie Hauff beschreibt: »Glänzend weiße Felsen fassten die Wände ein, Schwibbogen, Wölbungen, über deren Kühnheit das irdische Auge staunte, bildeten die glänzende Kuppel; der Tropfstein, aus dem die Höhle gebildet war, hing voll von Millionen kleiner Tröpfchen, die in allen Farben des Regenbogens den Schein zurückwarfen und als silberreine Quellen in kristallenen Schalen sich sammelten. In grotesken Gestalten standen Felsen umher, und die aufgeregte Phantasie, das trunkene Auge glaubte bald eine Kapelle, bald große Altäre mit reicher Draperie und gotisch verzierte Kanzeln zu sehen.«

Nicht minder eindrucksvoll ist die Beschreibung der Schwäbischen Alb: »Ein ungeheures Panorama breitete sich vor den erstaunten Blicken Georgs aus, so überraschend, von so lieblichem Schmelz der Farben, von so erhabener Schönheit, dass seine Blicke eine geraume Zeit wie entzückt an ihnen hingen. Und wirklich, wer je mit reinem Sinn für Schönheiten der Natur [...] die Schwäbische Alb bestiegen hat, dem wird die Erinnerung eines solchen Anblickes unter die lieblichsten der Erde gehören. Man denke sich eine Kette von Gebirgen, die von der weitesten Entfernung, dem Auge kaum erreichbar, durch alle Farben einer herrlichen Beleuchtung von sanftem Grau, durch alle Nüancen

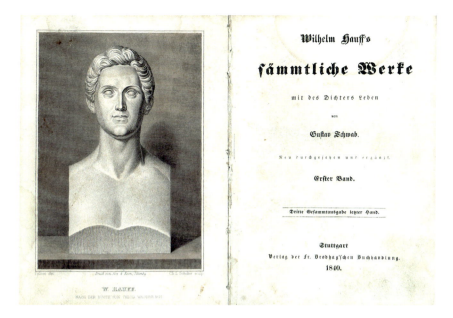

Frontispiz und Titel von Hauffs *Sämmtlichen Werken*, 1840

von Blau, am Horizont sich herzieht, bis das dunkle Grün der näher liegenden Berge mit seinem sanften Schmelz die Kette schließt.«

Die stimmig-genauen, liebevollen Natur- und Landschaftsschilderungen sollen dem Leser den Wahrheitsgehalt des gesamten Romans glaubhaft machen, ihn von der historischen Authentizität überzeugen. Dazu dienen auch die immer wieder eingeflochtenen Dialoge in schwäbischem Dialekt. Doch klopft man Hauffs Geschichte kritisch ab, wird schnell deutlich, dass er sich und seinen Lesern nicht nur eine historische Traumwelt geschaffen, sondern auch die ihm bekannte Geschichte von Herzog Ulrich, von dessen Vertreibung und seinem Verhältnis zur Bevölkerung, weitgehend zurecht gebogen hat.

Hauff war sich dessen wohl bewusst, deshalb versuchte er sich auch durch ein leidenschaftliches Plädoyer für Herzog Ulrich im Vorwort zu rechtfertigen. Aus dem Fürsten, der seines Landes vertrieben wurde, weil sein Maß voll, seine Regierung geprägt war von Willkür und Rechtsbruch, wurde ihm ein Regent von »hoher Seelenstärke und Mut«, dem man unrechtmäßig sein »herrliches« Land weggenommen hat und den man nun wie ein »edles Wild« jagt und hetzt.

Vor allem aber geht es Hauff um sein Württemberg, um Württemberg zu seiner Zeit, um das Land, seine Regenten und seine Bewohner. Der Roman gleicht einem »leidenschaftlichen Bekenntnis zum gegenwärtigen Königreich Württemberg«, meint Otto Borst. Hauff zeigt seinen Lesern, vor allem aber seinen Landsleuten, dass ein »rechter« Württemberger nur der sein kann, der sein Fürstenhaus ebenso liebt wie sein Land, und dass aus dieser Liebe heraus seit alters her ein besonderes Treueverhältnis zwischen Untertanen und Fürsten besteht. So zeichnet er auch Ulrich als Landesvater, der zwar aus seinem Land, nicht aber aus den Herzen seiner Untertanen vertrieben werden kann. »Was sind diese Berge und Täler, wenn uns solche Augen, solche treue Herzen bleiben […] Solange wir Land besitzen in den Herzen, ist nichts verloren: Hie gut Württemberg allezeit«, lässt Hauff den Herzog erkennen.

Vollmundig hatte der Verlag den Roman angekündigt: »Wir glauben sagen zu dürfen, daß dieser Roman, indem er sich in der vaterländischen Geschichte, auf vaterländischem Boden bewegt, indem er geschichtliche Charaktere auf anziehendste Weise schildert, mit Recht mit den historischen Romanen der neuesten Lieblings-Dichter an die Seite gesetzt werden kann und sich die Liebe des Publikums in einem hohen Grade verdienen wird.« Und tatsächlich erhielt Hauffs Werk von den Zeitgenossen trotz mancher Kritik meist Anerkennung und Lob. In der Beilage zum *Morgenblatt* kann man am 13. Oktober 1826 lesen: »Der Roman Lichtenstein ist ernsthaft, was die früheren Werke des Herrn Hauf niemals waren; aber der Ernst steht im in der That nicht so gut, als Scherz, Ironie, Persiflage, und weil er dieß zu wissen scheint, hat er mit leichten Zügen kleinere Spöttereyen genug auch in diesem Roman angebracht, auch wo sie nicht ganz hinpassen [...]. Davon abgesehen, macht er dem Walter Scott alle Ehre.«

Aus einem Roman wird ein Schloss

Trotz seiner »günstigen Aufnahme in ganz Deutschland« wurde der *Lichtenstein* nicht gleich zu einem Bestseller. Zwar gab es in den dreißiger Jahren einige Übersetzungen, 1831 eine dänische, 1834 eine französische und 1839 eine englische, doch eine weitere Einzelausgabe erschien erst wieder 1854. Nun aber wurde der historische Roman in kürzester Zeit zu dem »württembergischen Hausbuch«: 1858 kam es bereits zur neunten Auflage.

Zu diesem Erfolg hat neben der Lobpreisung des schönen Württembergs auch und wohl ganz maßgeblich der inzwischen erfolgte Bau des heutigen Schlosses beigetragen. Dazu muss man sich vergegenwärtigen, dass zu Hauffs Zeit der Lichtenstein ganz anders aussah, auch gänzlich anders als er ihn beschrieben hat. Auf dem Felsen am Abbruchrand der Alb hinunter ins Tal stand ein Forsthaus, das 1802 auf den Resten einer alten Burg errichtet worden war.

Dieses Forsthaus samt zugehörigem Gelände erwarb 1838 Graf Wilhelm von Württemberg für 5000 Gulden. Er war ein Bruder des Dichters Graf Alexander von Württemberg und Neffe des ersten württembergischen Königs Friedrich.

Graf Wilhelm von Württemberg, Bauherr der Burg Lichtenstein

Graf Wilhelm, ein Freund von Ludwig Uhland und Justinus Kerner, war nicht nur ein ausgezeichneter Offizier, der 1857 als General der Infanterie ob seiner Verdienste mit dem Titel »Herzog von Urach« beehrt wurde, sondern auch Mitglied in zahlreichen »vaterländischen Gesellschaften« und engagiert im »Deutschen Geschichts- und Altertumsverein«, dessen Präsident er zeitweilig war. Er war entschlossen, Hauffs literarische Fiktion Wirklichkeit werden zu lassen, erstmals eine Burg nach einer Erzählung zu bauen.

Dabei hielt er sich tatsächlich weitgehend an das Hauffsche Vorbild, der den Lichtenstein in seinem Roman so beschreibt: »Wie ein kolossaler Münsterturm steigt aus einem tiefen Albtal ein schöner Felsen frei und kühn empor. Weitab liegt alles feste Land, als hätte ihn ein Blitz von der Erde weggespalten, ein Erdbeben ihn losgetrennt oder eine Wasserflut vor uralten Zeiten das weichere Erdreich ringsum von seinen festen Steinmassen abgespült [...]. Wie das Nest eines Vogels auf die höchsten Wipfel einer Eiche oder auf die kühnsten Zinnen eines Turms gebaut, hing das Schlösschen auf dem Felsen. Es konnte oben keinen sehr großen Raum haben, denn außer einem Turm sah man nur eine befestigte Wohnung.«

Als Architekt wurde der berühmte Carl Alexander Heideloff gewonnen, der seit 1838 die Wiederherstellung der Festung Coburg leitete. Als Bauleiter vor Ort diente der Reutlinger Johann Georg Rupp. Schon 1839 begannen die Bauarbeiten, zügig schritten sie voran. 1841 waren die Kernbauten errichtet, doch erst im Frühjahr 1857 wurden nach Entwürfen und Zeichnungen des Bauherrn der geräumige Burghof, die Wirtschafts- und Nebengebäude samt den Bastionen fertig gestellt.

Entstanden ist ein Märchenschloss der Romantik, das mit seinen Staffelgiebeln, Erkerchen und dem schlanken zinnenbekränzten Turm gleichsam aus dem Felsen gewachsen zu sein scheint. Geschaffen wurde ein Anziehungspunkt für Besucher

Rechte Seite:
Der Lichtenstein, Aquarell aus dem Jahr 1845

aus aller Welt, dessen malerischer silhouettenhafter Wirkung sich kaum jemand entziehen kann: ein großartiges Denkmal der württembergischen Geschichte, vor allem aber für Wilhelm Hauff, seine romantische Zeit und seinen *Lichtenstein*.

Wer sich heute auf Hauffs Spuren zum Lichtenstein begeben will, sollte sich Zeit lassen. Nicht nur zur Besichtigung des Schlosses, das großartige Kunstwerke zur Schau stellt – spätgotische Altarbilder, Skulpturen, Glasgemälde, Sandsteinbüsten aus dem ehemaligen Lustschloss in Stuttgart, ganzfigurige Wandbilder württembergischer Herrscher –, sondern auch für die Umgebung. Empfehlenswert ist, schon auf der Anfahrt, von Reutlingen her, in Honau von der Hauptstraße nach links abzubiegen und im Ort kurz anzuhalten, auszusteigen und von dort den Blick auf die Burg zu genießen. Bei der Weiterfahrt über die Honauer Steige ist sie dann immer wieder aus den verschiedensten Höhenperspektiven sichtbar.

Wer es sich zeitlich erlauben kann, sollte nun zuerst zur Nebelhöhle fahren, dort im Geäst der unterirdischen Gänge zur Ulrichshöhle aufsteigen und Ulrichs Gesang hervorholen:

> [...] Der Väter Hallen sind gebrochen,
> Gefallen ist des Enkels Los,
> Er birgt besiegt und ungerochen
> Sich in der Erde tiefem Schoß. [...]

Wem das zu wenig ist, vermag dort – oder vielleicht doch besser bei angenehmeren Temperaturen über Tage – das fünfte und sechste Kapitel des zweiten Buches mit der großartigen Schilderung der Höhle nachlesen.

Von der Nebelhöhle führt ein schöner, etwa einstündiger Spazierweg zum Lichtenstein. Unterwegs hat man vor allem gegen Ende des Weges immer wieder herrliche Ausblicke, zudem findet man immer wieder ein Plätzchen, das sich zur Lektüre eignet.

Justinus Kerner, wie er auf Burg Lichtenstein ein Gedicht schrieb, 1852

Beim Lichtenstein angekommen, sollte man keinesfalls versäumen, die Schlossanlage in einem halbkreisförmigen Bogen zu umgehen. Man wird am Ende durch großartige Blicke auf das Schloss und ins Tal reich belohnt. Zu sehen ist dort unmittelbar bei der Aussichtsplattform auf einem Felsen auch eine von der Stuttgarter Firma Pelargus gefertigte eherne Büste Wilhelm Hauffs. Auch dies ein schöner Ort, um Wilhelm Hauffs *Lichtenstein* aufzuschlagen.

Und wer noch mehr über Hauff und seinen *Lichtenstein* erfahren möchte, sollte nach Honau zurückfahren und sich dort die kleine literarische Gedenkstätte in der Echazstraße 2 anschauen.

*»Er hat einige schöne Lieder gedichtet,
auch etwelche hübsche Balladen«*

Gomaringen und Gustav Schwab

Wer Gustav Schwabs immer noch lesenswerte Reiseführer *Die Neckarseite der Schwäbischen Alb* und *Wanderungen durch Schwaben* zur Hand nimmt, wird darin das Dorf Gomaringen vergeblich suchen. Lediglich die der ersten Auflage der *Neckarseite* von 1823 beigegebene Landkarte der Schwäbischen Alb vermerkt den nahe Tübingen und Reutlingen liegenden Ort. Und doch wurde er zu einer wichtigen Station in Gustav Schwabs Leben. Vier Jahre, von 1837 bis 1841, versah er dort das dörfliche Pfarramt.

Gustav Schwab, Tuschzeichnung von Johann Buchner

Für viele war dieser Umzug von Stuttgart, von der Landeshauptstadt aufs Dorf, der berufliche Wechsel »vom Katheder zur Kanzel« unverständlich, zumal Schwab in Stuttgart nicht nur als Gymnasialprofessor gut bestallt war und als begeisterter und begeisternder Lehrer galt. Seit den 1820er-Jahren hatte er sich dort als Cottas literarischer Berater, als »poetischer Beirat« des *Morgenblatts für gebildete Stände*, als Redakteur, Herausgeber, Übersetzer, Förderer junger Talente, Entdecker vergessener Literatur, Organisator literarischen Lebens einen weithin bekannten Namen gemacht. Sein Haus in Stuttgart war eine berühmte Stätte der Begegnung, war das »literarische Hauptquartier der Stadt«. »Wer unterhält jetzt die vielen Ausländer, die nur über mein Haus nach Stuttgart reisen? Ich wies sie sonst alle an Schwab«, schrieb Justinus Kerner nach Schwabs Umzug aus Weinsberg an den Verleger Georg von Cotta.

Sehnsucht nach mehr Seelenruhe

Die Gründe für die Veränderung waren vielfältig und begleiteten Schwab schon seit längerer Zeit. Bereits 1833 hatte er sich um die vakante Pfarrstelle in Lustnau bei Tübingen beworben: »Die endlose Zerstreuung und Zeitzersplitterung, in welche ich hier gerathen bin und aus der ich nicht mehr herauskomme, das Polit. Parteileben, in das ich bei aller [...] Passivität hineingeklemmt bin, kurz die Sehnsucht nach mehr Seelenruhe und Dichtungsstille bestimmen mich zu diesem wohlerwogenen Entschluß. [...] In dieser Zurückgezogenheit hoffe ich den Musen ungestörter und doch mit mehr Wahl dienen zu können«, schrieb er am 11. Oktober 1833. Die Stelle wurde anderweitig vergeben. Schwab suchte weiter. Vielleicht war die Verärgerung über den *Deutschen Musenalmanach* 1837 und die Fehde mit Heine letztendlich ausschlaggebend für die Realisierung einer Lebenskorrektur.

»Schimpf und Spott genug ist nun über mich ergossen worden, und gelogen, wie gedruckt«, klagt er im Frühjahr 1837 dem Mitherausgeber des Almanachs, Adelbert von Chamisso. Noch deutlicher wird er in einem Brief vom 7. Juni 1837 an Ferdinand Freiligrath: »Heine'scher und jungdeutscher Teufelsdreck und berlinische (unerträgliche) Sophistik gefällt. [...] Die Feindseligkeit des Nordens gegen den herrlichen Uhland und seine

Sophie Schwab, geborene Gmelin, Kopie eines Gemäldes von Karl Jakob Theodor Leybold, um 1825

schwäb. Freunde (die Gottlob die Nation nicht theilt) geht unbewusst auf seine alten Berliner Freunde selbst über. Ich kann ihnen nicht sagen, wie sehr mich das verstimmt und mir die Redaktion [...] entleidet.«

Die »Sehnsucht nach mehr Seelenruhe« – wie es schon im Brief von 1833 heißt – ist eine Formel seines Befindens, die in seinen Briefen immer wiederkehrt. Damit begründete er offiziell dann auch seinen Umzug nach Gomaringen gegenüber dem Verleger Georg von Cotta am 14. September 1837: »Gestern bin ich vom König zum Pfarrer in Gomaringen ernannt worden. Mit sehr frohem, aber dabei doch auch gemischtem Gefühl habe ich diese Nachricht erhalten [...,] innig schmerzt, die vieljährige Geschäftsverbindung, in welche mich das Morgenblatt mit Deinem seligen Herrn Vater und mit Dir gebracht hat, ihrem Ende entgegengehen zu sehen. Und doch ist dieß die natürliche Folge meines Hinausschritts aus Stuttgart, und der Rücktritt aus dem literarischen Weltverkehr eine Bedingung meiner Seelenruhe geworden.«

Am 26. Oktober zog er mit der Familie in Gomaringen ein. Das Dorf zählte damals rund 1500 Einwohner, die, laut Grundstein-Urkunde der Kirche zum Jahr 1839, »stark von Ackerbau, Viehzucht und Obstertrag« lebten und alle »bis auf eine Familie evangelischer Konfession« waren.

Die Pfarrwohnung lag, wie Sophie Schwab, Tochter des Tübinger Juraprofessors Gmelin und seit 1818 Ehefrau Gustav Schwabs, nicht ohne Stolz am 27. Juli 1837 Justinus Kerner mitteilte, im Schlösschen, »das oben auf dem Hügel liegt und das ganze Dorf beherrscht« – »ein wahrer Edelsitz«. Mit der Gründung des Königreichs Württemberg 1806 und der damit einhergehenden Verwaltungsreform hatte der einstige Sitz des Dorfherren seine Verwaltungsfunktion verloren. Das Gebäude stand zunächst leer, bis es schließlich kurzerhand 1813 zum Pfarrherrnsitz wurde, als der damals neu ankommende Pfarrer sich weiger-

Schloss und Kirche in Gomaringen, Ansichtskarte, um 1900

te, ins baufällige alte Pfarrhaus zu ziehen. Zwar war die Schlossanlage, die im Kern auf eine Burg aus der Stauferzeit zurückgeht, etwas heruntergekommen, doch verfügte sie nicht nur über viele Räumlichkeiten, sondern auch über einen romantischen, von den zwei Flügeln des Wohngebäudes, einer Pfarrscheuer und einer steinernen Mauer gebildeten Innenhof. Zudem erlaubte die Lage des kleinen Schlosses über dem Wiesaztal einen Blick auf das Dorf und eine »atemberaubende« Sicht hinüber zur »Kette der schwäbischen Alb, die ungefähr wie die Vogesen liegt«, so hieß es in einem Brief Schwabs an Adolf Stöber 1839.

Schwabs Hoffnungen auf die »Seelenruhe« in dörflicher Abgeschiedenheit schienen sich zu erfüllen. Schon wenige Wochen nach dem Umzug schrieb er an Cotta, dass das »Maas seiner Zufriedenheit« im »Zunehmen« sei: »Denn auch auf angestrengte Arbeit folgt hier doch Abends tiefe Stille und Ruhe, während drunten in Stuttgart nach der strengsten Arbeit die anstrengendste Zerstreuung und ein ermüdender Wechsel von Aufmerksamkeit für Andere oft erst des Abends recht anging.« Er sei, versicherte er ein Jahr später Friedrich Drück, »gewiß Einer der zufriedensten und vergnügtesten Landpfarrer Württembergs«.

Doch nimmt man Schwabs Tagebücher, seine Briefe oder Briefe seiner Besucher und Freunde zur Hand, vermitteln diese keineswegs ein von Geruhsamkeit und Beschaulichkeit geprägtes idyllisches Dorfleben. Vielmehr zeigen sie eine von literarischen Projekten, einem regen Briefwechsel, neuen Heine-Fehden, vielen Besuchern und pastoralen Pflichten bestimmte umtriebige Wirksamkeit, die der Stuttgarter mindestens in den ersten Jahren kaum nachstand.

Besucher und Baulärm

Da gab es viele Besucher, allen voran Ludwig Uhland, aber auch junge unbekannte Poeten aus allen Teilen Deutschlands, die bei Schwab anklopften, auf dessen Vermittlung hofften. Und natürlich gab es für ihn auch weiterhin manch ehrenvolle Aufgabe, deren Erfüllung außerhalb Gomaringens lag. So wurde er beispielsweise schon im Januar 1838 in die Kommission zur Reform des württembergischen Kirchengesangbuches berufen und bei der in ganz Deutschland beachteten festlichen Enthüllung des von Bertel Thorvaldsen entworfenen Stuttgarter Schillerdenkmals am 8. Mai 1839 hielt selbstverständlich er die Festansprache.

Gerade mal ein gutes Jahr war Schwab in Gomaringen, da unterbrach Baulärm die dörfliche Stille. Die alte Kirche war seit längerem baufällig. Zwischen Chor und Langhaus drang Wasser ein, die Dächer waren schadhaft, die Fußböden »verdorben«. Die Kirchenbühne konnte, beispielsweise zur Reparatur der Kirchenuhr, nur noch unter Lebensgefahr betreten werden. Da sie zudem für die gewachsene Gemeinde zu klein geworden war, wurde nun unter Schwab, was schon seit Jahren geplant war, verwirklicht. Im März 1838 wurde die alte Kirche abgebrochen und

Enthüllung des Schillerdenkmals in Stuttgart, 1839

an ihrer Stelle eine neue gebaut. Die Gottesdienste fanden nun über Monate hinweg in der Zehntscheuer statt.

Nach nur eineinhalbjähriger Bauzeit konnte am 22. November 1840 die nach Plänen von Johann Georg Rupp, Bauinspektor der Stadt Reutlingen, errichtete neue Kirche mit 860 Sitzplätzen eingeweiht werden. Zu diesem Anlass stiftete Schwab, der natürlich die Festpredigt hielt, einen silbernen Abendmahlkelch und einen Hostienteller mit eingravierter Widmung im Wert von hundert Gulden sowie einen Knieschemel – ein geradezu fürstliches Geschenk bei 550 Gulden Jahresgehalt.

Fehde mit Heinrich Heine

Zum Baulärm gesellte sich ein Nachhall der literarischen Fehde mit Heinrich Heine und dem »Jungen Deutschland«. Begonnen hat dies alles wohl 1828 mit der scharfen Kritik Schwabs an Heines *Buch der Lieder,* dem er eine weltverhöhnende Stimmung vor-

Kerner, Schwab und Uhland auf einer zeitgenössischen Lithographie nach einer Zeichnung von Wilhelm Breitschwert

warf, und der replizierenden Attacke Heines gegen die Schwabendichter, vor allem gegen Uhland, in seiner *Romantischen Schule* 1835. Während Uhland schwieg, griff Schwab zur Feder. »Vorschlag«: »Laß sie schimpfen, / Laß uns impfen. / Laß sie schmähen, / Laß uns säen. / Laß sie lügen, / Laß uns pflügen. / Laß sie klaffen, / Laß uns schaffen. / Laß sie richten, / Laß uns dichten.« Zur Zuspitzung kam es, als der Verleger Karl Reimer dem Jahrgang 1837 des *Deutschen Musenalmanachs* – 1832 als Forum für alle deutschen Dichter gegründet – ein Porträt Heines voranstellte. Schwab, der bis dahin mit Adelbert von Chamisso den *Musenalmanach* einvernehmlich redigiert hatte, trat offiziell von der Herausgeberschaft des Jahrgangs zurück und sorgte für einen Boykott durch die schwäbischen Dichter. Zwar war er 1838, im Frontispiz erschien das Porträt Uhlands, wieder dabei, doch ein letztes Mal. Die Idee, die deutschen Dichter in einer jährlich erscheinenden Publikation zu vereinen, war gescheitert.

Nun kartete Heine im *Jahrbuch der Literatur* 1839 nach und schüttete im »Schwabenspiegel« seinen Hohn über die schwäbischen Dichter aus, wobei Schwab noch einigermaßen glimpflich davonkam: »Der bedeutendste von ihnen ist der evangelische Pastor Gustav Schwab. Er ist ein Hering im Vergleich mit den anderen, die nur Sardellen sind; versteht sich Sardellen ohne Salz. Er hat einige schöne Lieder gedichtet, auch etwelche hübsche Balladen; freilich mit einem Schiller, mit einem großen Wallfisch, muß man ihn nicht vergleichen.«

Reichliche Früchte literarischen Schaffens

Die Gomaringer Zeit trägt in Schwabs literarischem Schaffen reichlich Früchte. Gleich zu Beginn, noch 1837, erschienen in Leipzig als zweiter Band der Reihe »Das malerische und romantische Deutschland« seine *Wanderungen durch Schwaben* mit 30 Stahlstichen nach Gouachen von Louis Mayer, dem Bruder des Dichters Karl Mayer. Selbstbewusst schreibt er im Vorwort: »Wenige Gegenden Deutschlands vereinigen so verschiedenartige landschaftliche Reize wie Schwaben; weniger Länder reizende Bilder schmückt Sage und Geschichte mit einem so rührenden Abendrote ferner Erinnerungen.«

Den *Wanderungen* folgten 1838 die *Gedichte. Neue Auswahl* bei Cotta und zwischen 1838 und 1840 in drei Teilen *Die schönsten Sagen des klassischen Alterthums. Nach seinen Dichtern und Erzählern* bei Liesching in Stuttgart, das wohl bis heute bekannteste und populärste Werk Schwabs. Viel Beachtung fanden 1840 *Schillers Leben in drei Büchern* – das Werk erfuhr bereits nach einem Jahr eine zweite Auflage – sowie die *Urkunden über Schiller und seine Familie*.

Die seit 1837 von Schwab geführten Tagebücher spiegeln ein weites Feld literarischer Interessen. Eine besondere Rolle kommt Hölderlin zu. Für eine von Cotta geplante Neuauflage von dessen Gedichten hatte Schwab die »Ausarbeitung« einer Biografie übernommen, wozu er einen regen Briefwechsel mit Hölderlins Bruder Karl Gok führte. Wohl vom Vater angeregt, besuchte der 18-jährige Christoph Theodor Schwab, der gerade sein Theologiestudium in Tübingen begonnen hatte, im Januar

Gustav Schwab mit seiner Frau Sophie, seinen Töchtern Emilie (hinten) und Sophie Klüpfel, Schwiegersohn Karl Klüpfel und einem Enkel, Daguerrotypie

1841 erstmals den kranken Friedrich Hölderlin im Turmzimmer am Neckar. Weitere Besuche folgten, denen wir anschauliche und einfühlsame Beschreibungen der letzten Monate des Dichters verdanken. Am 10. Juni 1843 hielt Christoph Schwab auf dem Tübinger Stadtfriedhof die »Leichenrede« für Hölderlin.

Zu diesem Zeitpunkt hatte die Familie Schwab Gomaringen wieder verlassen. Der Ort lag dann doch zu sehr abseits der Straßen. Das Refugium der Seelenruhe wurde mit der Zeit zunehmend als Stätte ländlicher Einsamkeit empfunden. Der Tod des erst zehnjährigen jüngsten Sohns Ludwig am 15. Oktober 1840 hat wohl den letzten Anstoß gegeben. Kurze Zeit danach bewarb sich Gustav Schwab um die freie Stelle des Pfarrers und Amtdekans von Sankt Leonhard in Stuttgart, die er dann auch erhielt. Im Juli 1841 verließ die Familie Gomaringen und kehrte nach Stuttgart zurück.

»Du bist Orplid, mein Land!
Das ferne leuchtet«

Tübingen

»Da sind wir denn in Tübingen! Spät abends, bei vollem Mondschein, der die Berge und ihre vom Herbst wunderkräftig gebräunte Waldung schön beleuchtete, fuhren wir munter hier ein, und haben in den ersten Tagen die Stadt und Gegend, die Anstalten und zum Theil auch die Menschen schon zur Genüge gesehen. Ob wir recht gethan, hierher zu reisen? [...] Der Eindruck von manchem Einzelnen war gut, die Gegend ist schön, das Volk unterhaltend, die Männer, die uns anzogen, sind ihres Rufes werth; aber das Ganze wirkt auf uns gräßlich niederschlagend! [...]

Wir finden die Stadt mit ihren Straßen und Häusern abscheulich, ein schmutziges Nest, schwarz, klein, baufällig; die Stuben, die man uns anbietet sehen schrecklich aus, mittelalterige Fensterchen, schiefe Fußböden, klapprige Thüren; zwei Stühle, ein Tisch, ein Bett, und einige Nägel, um Kleider oder auch sich selbst daran aufzuhängen, sind die Möbel [...] Dagegen ist die Landschaft prächtig, das Neckarthal und das Ammerthal laden zu den schönsten Spaziergängen ein, die Hügel bieten die reichsten Aussichten, die ganze Gegend hat einen lieblich schwermüthigen Karakter.«

So beschreibt Anfang November 1808 der Medizinstudent und spätere Offizier, Diplomat und Schriftsteller Karl August Varnhagen von Ense seine ersten Eindrücke von Tübingen. Und wie ihm erging es damals vielen Besuchern der Stadt. So hat sich beispielsweise Goethe auf seiner Schweizer Reise, auf der er auch seinen Verleger Johann Friedrich Cotta in Tübingen besuchte, am 7. September 1797 notiert: »[...] ausspaziert, die Gegend zu sehen. Erst das Ammertal, dann [...] das Neckartal. Ein Rücken eines Sandsteingebirges, das aber schön bebaut ist, trennt beide Täler; auf einem kleinen Einschnitt dieses Rückens liegt Tübingen wie auf einem Sattel und macht Face gegen beide Täler. Oberhalb liegt das Schloß [...]. Die Existenz der Stadt gründet sich auf die Akademie und die großen Stiftungen, der Boden umher liefert den geringsten Teil ihrer Bedürfnisse. Die Stadt an sich selbst hat drei verschiedne Charaktere; der Abhang nach der Morgenseite, gegen den Neckar zu, zeigt die großen Schul-, Kloster- und Seminariengebäude; die mittlere Stadt sieht einer alten, zufällig zusammengebauten Gewerbestadt ähnlich; der Abhang gegen Abend, nach der Ammer zu, sowie der untere flache Teil der Stadt wird von Gärtnern und Feldleuten bewohnt und ist äußerst schlecht und bloß notdürftig gebauet, und die Straßen sind von dem vielen Mist äußerst unsauber.«

Manche schnelle Beurteilung und erste Bewertung wurde dann aber auch oft beim zweiten Hinschauen revidiert. »Bergig, buckelig und krumm«, das war die eine Seite der Stadt. Doch es gab auch noch eine andere. So entdeckte Varnhagen über die Freundschaft mit Justinus Kerner, die Bekanntschaft mit dem Verleger Johann Friedrich Cotta, Ludwig Uhland oder Johann Ferdinand Autenrieth, dem Medizinprofessor und späteren Universitätskanzler, die »innere Größe« der äußerlich so »schmutzigen und engen« Stadt, von der er dann nur schwer Abschied nahm: »Als ich draußen auf die Stadt zurückblickte, fühlte ich deutlich, dass der Ort mir doch lieb geworden, daß ich den Aufenthalt, den ich

Karl August Varnhagen von Ense. Lithographie nach einer Zeichnung von Ludmilla Assing

hier gemacht, und alle Zweifel und Schmerzen, die ich hier durchkämpft, doch nicht entbehren möchte in meinem Leben.«

Eine Stadt im Um- und Aufbruch

Tübingen war zu Beginn des 19. Jahrhunderts eine Stadt im Um- und Aufbruch, auf dem Weg in die moderne Zeit. Sogar sein Äußeres begann sich zu verändern. Zwischen 1803 und 1805 wurden im Zusammenhang mit dem Umbau der alten Burse zum Klinikum die ersten Häuser an und auf der Stadtmauer abgerissen. In der gleichen Zeit fiel das große Stadttor an der Neckarbrücke. Durch die »Entfernung des düsteren Anblickes der hohen schwarzen Thürme und Mauern« und der »Herstellung eines freieren Luftzuges« erhoffte man sich eine »Beförderung« der Gesundheit.

Blick vom Österberg auf Tübingen zwischen Neckar- und Ammertal, kolorierte Lithographie aus dem Jahr 1835

Das im Zweiten Weltkrieg zerstörte Wohnhaus von Ludwig Uhland an der Neckarbrücke, Gemälde, 1866

Ein frischer Wind machte sich damals auch an der Universität bemerkbar, die noch vor wenigen Jahren von »Vetterleswirtschaft« geprägt und von einer Abwehr alles Neuen gekennzeichnet war. Nun erhielt sie nach der Auflösung der Hohen Karlsschule in Stuttgart und dank der »Napoleonischen Flurbereinigung« – 1806 war Württemberg bei einer Verdoppelung des Staatsgebiets und der Bevölkerung Königreich geworden – neue Professoren, neue Fächer, neue Studenten und neue Statuten. Umwälzungen, Reformen, Neuerungen kündigten sich an. Es gärte und brodelte.

Seit der 1477 erfolgten Gründung der Universität war Tübingen eine Stadt der Denker, der Philosophen, der Forscher und Gelehrten, ein »Hort des Geistes und des Wissens«. Nun wurde die Stadt zu Beginn des 19. Jahrhunderts auch zur Stadt der Dichter und Poeten, zum »Sitz der Musen«. Was nicht heißen soll, dass es nicht auch schon vorher bedeutende Dichter in der Stadt gegeben hätte – man denke an Heinrich Bebel, Nikodemus Frischlin oder Christoph Martin Wieland. Doch nun ergoss sich gewissermaßen ein wahres Füllhorn von Dichtern auf die Stadt.

Aus Freundschaftsbünden, die in der neuen romantischen Bewegung wurzelten, wurden literarisch-poetische Zirkel, erwuchs die »Schwäbische Dichterschule«, entstand die Tübinger Romantik um Ludwig Uhland, Justinus Kerner, Gustav Schwab. Ihnen folgten Wilhelm Hauff, Eduard Mörike und Wilhelm Waiblinger. Und über die ganze Zeit hinweg wohnte, von ihnen »mit scheuer Liebe verehrt«, unten am Neckar im Turm der kranke Friedrich Hölderlin.

Gruft und Tempel zugleich: der Hölderlinturm

Wer sich zu einem literarischen Spaziergang auf den Spuren der Romantiker durch Tübingen einladen lässt, beginnt am besten mit einem Blick von der Neckarbrücke auf die Stadt, geht dann entlang der alten Stadtmauer, auf der die Häuser aufsitzen, die sich im Neckar spiegeln, zum Hölderlinturm.

Dort ist heute außer der Hölderlingesellschaft ein kleines und feines Museum untergebracht, das an Hölderlin in Tübingen erinnert: an den Studenten im Evangelischen Stift, den jungen Dichter, und an den Kranken, der »sich selbst verloren« hatte. Nicht zufällig kann man zwischen den beiden Zeitabschnitten sein Gedicht von der »Hälfte des Lebens« lesen:

> Mit gelben Birnen hänget
> Und voll mit wilden Rosen
> Das Land in den See,

Ihr holden Schwäne,
Und trunken von Küssen
Tunkt ihr das Haupt
Ins heilignüchterne Wasser.

Weh mir, wo nehm' ich, wenn
Es Winter ist, die Blumen, und wo
Den Sonnenschein,
Und Schatten der Erde?
Die Mauern stehn
Sprachlos und kalt, im Winde
Klirren die Fahnen.

Im Turmzimmer des ersten Stocks hat Friedrich Hölderlin vom 3. Mai 1807 bis zu seinem Tod am 7. Juni 1843 gewohnt. »Da im Clinikum nichts weiter mit Hölderlin zu machen war, so machte der Canzler Autenrith mir den Vorschlag Hölderlin in mein Hauß aufzunehmen, er wüßte kein pasenderes Lokal [...]. Damahls habe ich seinen Hiperion [...] geleßen welcher mir ungemein wohl gefiel. Ich besuchte Hölderlin im Clinikum und Bedaurte ihn sehr, daß ein so schönner Herlicher Geist zu Grund gehen soll [...]. Ich willigte ein, und nahm ihn auf«, so erinnerte sich der Schreinermeister Ernst Zimmer später. Und was nur einige Monate dauern sollte – der Klinikdirektor und Medizinprofessor Autenrieth hatte Hölderlin nur noch eine kurze Lebensdauer prophezeit – währte schließlich 36 Jahre.

In seinem »kleinen geweißneten Amphitheatralischen Zimmer«, wie es Wilhelm Waiblinger nannte, empfing er mit großen Gesten und vielen Worten seine Besucher. Bescheiden war die Ausstattung des Raums: ein Schrank, ein Tisch, zwei Stühle, ein Bett und ein Ofen. Hierher führten Justinus Kerner und Eduard Mörike ihre Freunde, sandte Ludwig Uhland zum Geburtstag rote Tulpen, kamen Gustav Schwab und sein Sohn, um die ers-

ten Werkausgaben vorzubereiten. Und hier fand ein Besucher Hölderlins den *Hyperion* an jener Stelle aufgeschlagen, wo es heißt: »Mir beugte die Größe der Alten wie ein Sturm das Haupt, mir raffte sie die Blüte vom Gesicht, und oftmals lag ich, wo kein Auge mich bemerkte, unter tausend Tränen da wie eine gestürzte Tanne, die am Bache liegt und ihre welke Krone in die Flut birgt.«

Da von Hölderlins Möbeln fast nichts erhalten ist – sie sind wohl alle bis auf einen Tisch 1875 einem Brand zum Opfer gefal-

Friedrich Hölderlin, Zeichnung von Rudolf Lohbauer und Johann Georg Schreiner, 1823

Der Hölderlinturm, Aquarell von M. Yelin, um 1850

len – ist sein Zimmer heute gänzlich leer gehalten. Nur zwei Stühle und ein Zyklus von vier Gedichten laden zur Begegnung mit dem Genius loci ein.

Phasen, in denen er tagelang vor sich hinbrütend apathisch im Bett lag, wechselten mit solchen, in denen er stundenlang unermüdlich mit gewaltigen Schritten den langen Gang der im Erdgeschoss untergebrachten Schreinerwerkstatt durchmaß. Dabei konnte er schon auch mal ein Brett nehmen und mit Bleistift ein Gedicht darauf schreiben:

Die Linien des Lebens sind verschieden
Wie Wege sind, und wie der Berge Gränzen.
Was hier wir sind, kan dort ein Gott ergänzen
Mit Harmonien und ewigem Lohn und Frieden.

Zwar konnte er schon mal mit der Hand auf den Tisch schlagen, »wenn er Streit gehabt – mit seinen Gedanken!«, doch meist war er »im Umgang sehr gefällig und zuvorkommend«. Viel hat dazu die gute, liebevolle Pflege beigetragen, die Hölderlin im Hause Zimmer genoss. Ernst Zimmer und nach seinem Tod 1838 seine Tochter Charlotte haben sich des Kranken angenommen, wie dies für damals ganz ungewöhnlich war.»Ihre Geduld, ihre Achtung vor dem Dichter, ihre Liebe und Treue zu dem hilfsbedürftigen Menschen« erleichterten ihm – wie Peter Härtling schreibt – »das Dasein in einer ihm entfremdeten Welt.«

Als Hölderlin 73-jährig im Turm starb, waren er und sein Werk in Deutschland fast vergessen. Die im Haus wohnenden Studenten trugen seinen Sarg, etwa 100 Studenten »folgten der Leich« zum Stadtfriedhof. Christoph Schwab hielt die Traueransprache.

Die schwäbischen Romantiker im »Neuen Bau«

Vom Hölderlinturm aus geht man über die Bursagasse zwei steile Treppen zwischen der Alten Aula und dem Wohnhaus von Nikodemus Frischlin hoch zur Stiftskirche. Bei ihr liegt gegenüber der Alten Aula das Martinianum, Münzgasse 13. Seinen Namen verdankt das Haus einer 1514 geschehenen Studienstiftung des Theologen Martin Plantsch. Das in den sechziger Jahren des 17. Jahrhunderts nach Plänen des Baumeisters Michael Beer errichtete Gebäude diente zur Unterbringung bedürftiger Studenten. 16 »gesittete und fleißige« Studenten, denen »Trinkgelage und lärmende Gesänge« verboten waren, hatten bis zum Verlust des Stiftungsvermögens 1923 im »Neuen Bau«, wie das Martinianum im 19. Jahrhundert meist genannt wurde, freie Kost und Logis.

Eine Tafel an der Außenwand erinnert an den Stipendiaten Justinus Kerner, der von 1804 bis 1808 in Tübingen Medizin studierte. Sein Zimmer war das Hauptquartier eines Kreises junger Medizin- und Jurastudenten, dessen Mittelpunkt Ludwig Uhland, Karl Mayer, Heinrich Köstlin und eben Justinus Kerner bildeten. Gemeinsam begeisterte man sich für mittelalterliche Mythologie und Dichtung, alte deutsche Poesie, Lieder, Ritterepen, Sagen und Legenden, schwärmte vom poetischen Reiz der Volksdichtung und sammelte entsprechende Zeugnisse mündlicher Überlieferung. Man diskutierte, kritisierte und dichtete in diesem Geist selbst. Von einer nachhaltigen Wirkung war die von Achim von Arnim und Clemens Brentano 1806 veröffentlichte Sammlung alter deutscher Lieder in Des Knaben Wunderhorn.

Meisterlich beherrschten vor allem Kerner und Uhland schon in ihren ersten lyrischen Werken den »Volkston«. Gedichte Kerners, darunter »Mir träumt ich flög gar bange«, wurden von Arnim und Brentano für echte Volkslieder gehalten und in den geplanten zweiten Band des Wunderhorns aufgenommen.

Doch blieb den Tübinger Romantikern die Anerkennung des offiziellen Literaturbetriebs in der unmittelbaren Nachbarschaft versagt. Dort nämlich, direkt an den Neuen Bau angrenzend, befand sich der Sitz des berühmten Verlegers Johann Friedrich Cotta, dessen Redakteure gegen die neue romantische Dichtung zu Felde zogen. In dem von Leo von Seckendorf herausgegebenen Musenalmanach auf das Jahr 1807 erschienen 27 Gedichte Ludwig Uhlands. Viele wurden später vertont, zum Beispiel durch den Universitätsmusikdirektor Friedrich Silcher, und zählen bis heute zum festen Repertoire von Liederkränzen und Gesangvereinen. Dazu gehört auch des »Schäfers Sonntagslied«:

Ludwig Uhland, Ölgemälde von Christoph Friedrich Dörr, 1810

[...] Das ist der Tag des Herrn!
Ich bin allein auf weiter Flur;
Noch eine Morgenglocke nur,
Nun Stille nah und fern. [...]

Mit vernichtender Kritik kanzelte Cottas für die Literatur zuständiger Redakteur Friedrich Weißer den Almanach und seine Verfasser ab. Sie seien »statt auf den Parnaß, in Sümpfe geraten«.

Natürlich konnten sich dies die jungen Dichter um Kerner und Uhland nicht gefallen lassen und beschlossen als echte »Ritter des Geistes« »gegen die letzten Verfechter des alten Zopfregiments in der vaterländischen Literatur gewaltige, deutsche Hiebe« zu führen. So beantworteten sie die Gründung der Cottaschen Tageszeitung *Morgenblatt für gebildete Stände* mit einem handgeschriebenen »Gegenblatt«, dem *Sonntagsblatt für gebildete Stände*, das zeitweilig ein »Mittelpunkt der schwäbischen Romantik« war, »Beweis für deren Eigenständigkeit, aber auch für deren Grenzen«, wie es in einem Marbacher Katalog von 1980 heißt. »Es würde sich nun durchaus nicht schicken, wenn wir Frösche uns unter die Lerchen und Nachtigallen mischten und den Morgen mit ihnen begrüßten«, schrieb Kerner am 15. Januar 1807 an Cotta.

Justinus Kerner, Bleistiftzeichnung

Auf acht Ausgaben brachte es das von Kerner säuberlich niedergeschriebene *Sonntagsblatt*, das neben Gedichten, »altdeutschen« Funden, theoretischen Abhandlungen auch Karikaturen aufwies. In der Nummer acht vom 1. März 1807 kann »Über das Romantische« von Ludwig Uhland nachgelesen werden: »Die Romantik ist nicht bloß nur ein phantastischer Wahn des Mittelalters; sie ist hohe, ewige Poesie, die im Bilde darstellt, was Worte dürftig oder nimmer aussprechen, sie ist das Buch seltsamer Zauberbilder, die uns im Verkehr erhalten mit der dunklen Geisterwelt; sie ist der schimmernde Regenbogen, die Brücke der Göt-

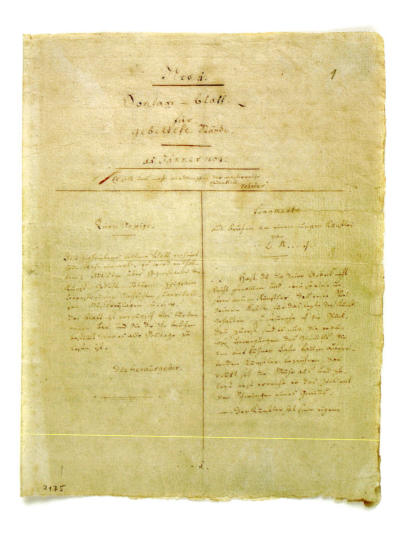

Erste Ausgabe des handgeschriebenen *Sonntags-Blatts für gebildete Stände* von Januar 1807

ter, worauf, nach der *Edda*, sie zu den Sterblichen herab und die Auserwählten zu ihnen emporsteigen.«

Ab dem Frühjahr 1809 begann sich der Kreis, dem gegen Ende auch Karl August Varnhagen von Ense angehörte, aufzulösen, die Freunde legten ihre Examina ab und verließen die Universität. Wie hatte doch Kerner im Herbst 1807 auf dem Weg von Tübingen nach Stuttgart, auf dem ihn Uhland ein Stück begleitet hatte, geschrieben:

Wanderlied
Auf meiner Reise gedichtet

Wohlauf! Noch getrunken
Den funkelnden Wein,
Ade nun ihr Lieben!
Geschieden muß sein,
Ade nun, ihr Berge,
Du väterlich Haus!
Es treibt in die Ferne
Mich mächtig hinaus [...]

Da grüßen ihn Vögel
Bekannt überm Meer,
Sie flogen von Fluren
Der Heimat hieher.
Da duften die Blumen
Vertraulich um ihn,
Sie trieben vom Lande
Die Lüfte dahin.

Die Vögel, die kennen
Sein väterlich Haus,
Die Blumen einst pflanzt' er
Die Liebe zum Strauß,
Und Liebe, die folgt ihm,
Sie geht ihm zur Hand;
So wird ihm zur Heimat
Das fernste Land.

Verbunden blieben sich die Freunde, trotz räumlicher Trennung, zum Teil über ihr ganzes Leben hinweg. Sichtbar wird dies nicht nur in ihren Briefen, in gegenseitigen Besuchen, sondern auch in

Tübingen am Neckar, Gouache, 1819

gemeinsamen literarischen Unternehmungen. So vereinte sie der *Poetische Almanach für das Jahr 1812*, den Justinus Kerner herausgab, und der *Deutsche Dichterwald*, für den 1813 neben Kerner auch Uhland und Friedrich de la Motte Fouqué verantwortlich zeichneten. Zunächst aber gingen sie fast alle auf Bildungsreisen. Kerner und Mayer fuhren nach Norddeutschland, Köstlin ging nach Wien und Uhland 1810 nach Paris. Die schönste Frucht dieser Reisen sind Kerners bedeutendstes, 1811 in Heidelberg erschienenes Werk, *Die Reiseschatten*, das mit Witz und spielerischer Laune, wehmütig-idealisierend und zugleich scherzhaft-ironisch Reiseerlebnisse, Jugenderinnerungen und die Tübinger Studentenzeit verarbeitete – ein Hauptwerk der schwäbischen Romantik: »Wir waren in einem weiten Tal angekommen; der Mond schien ganz wundersam hell. Es war eine herrliche, romantische Gegend. Ich sah durch das Wagenfenster; da sah ich, daß die Zwerglein sich aus ihren Kästen geschlichen: denn es lief auf jedem Rade eines, das blies mit seinem silbernen Horne ins Tal hinaus [...]. Der Mond stieg immer heller und voller über die

Berge. Da ersah ich plötzlich, wie ein Reiter auf einem weißen, dürren Gaule einhergeritten kam; der alte Gaul war gar seltsam umhängt, der Reiter aber hatte ein langes weißes Tuch im sonderbarsten Faltenwurf um sich geschlungen und eine hohe Lilie in der Hand. Ich erkannte alsbald in ihm den wahnsinnigen Dichter Holder.«

Kaum war man im Neuen Bau auseinander gegangen, bildete sich in Tübingen um Gustav Schwab ein zweiter für die Romantik schwärmender Kreis, der seinen Sitz im Gasthaus »Lamm« am Marktplatz hatte.

Ein weltberühmter Verleger

Auf dem Weg dorthin kommt man an Cottas Verlag vorbei, bei dem »die Schiller und Goethe recht eigentlich zu Hause« waren. An Goethes Besuch bei Cotta im September 1797 erinnert eine am Haus angebrachte Tafel. Auch Varnhagen von Ense hat ihn während seines Aufenthaltes in Tübingen mehrfach besucht und notiert sich im November 1808: »Ich glaubte meinen Augen nicht, als ich nach der Cotta'schen Buchhandlung fragte, und man mich in ein Lädchen wies, wo ich mich fast schämte einzutreten; so winzig, eng und schmucklos hab' ich neue Bücher noch nie wohnen sehen [...]. Cotta trat ein, ein hagrer, ältlicher Mann, lebhaft, geschmeidig in eckigen Manieren, in schwäbischer Gemächlichkeit rasch [...]. Ich musste von Hamburg erzählen, und machte geflissentlich eine prächtige Beschreibung von dem Buchladen meines Freundes Perthes am Jungfernstieg, von der reizenden Lage, der schönen Einrichtung, den weiten Räumen [...]. Ich erweckte keinen Neid, im Gegenteil, das süßeste Behagen, dass man hier solchen Glanz nicht nöthig habe, und in der geringsten Einrichtung sich behelfe. Dabei läugnet Cotta seine Mittel nicht, und macht immer neue Unternehmungen, giebt das größte Honorar, kauft Güter und Häuser, und in seinen Ge-

Johann Friedrich Cotta, Porträt an der Tübinger Rathausfassade von 1877

schäften gedeiht alles bestens.« Nach dieser Hommage an Cotta, dessen Verlag ja auch für die Romantiker von großer Bedeutung wurde, geht es weiter zum Marktplatz.

Die Romantika und Gustav Schwab

Das evangelische Gemeindehaus »Lamm« am Marktplatz trägt seinen Namen zur Erinnerung an ein Gasthaus, das einst zu den renommiertesten der Stadt zählte und im 18. und 19. Jahrhundert ein beliebter Ort studentischer Geselligkeit war. Beim Lammwirt Johann Heinrich Steeb trafen sich um 1790 die Stiftsstudenten Hegel, Hölderlin und Schelling mit ihren Freunden, diskutierten in rebellisch-aufsässigem Überschwang die Freiheitsparolen der Französischen Revolution und ließen sich in hitziger Rede zu manchem trotzig-widerspenstigen Schwur hinreißen: »Hinweg! Tyrannen keine Gnade«, heißt es bei Hölderlin mit Blick auf Herzog Karl Eugen. Doch zum Sitz schwäbischer

Romantik wurde das »Lamm« erst später. Steeb, Vater des als »Samariter von Verona« selig gesprochenen Karl »Carlo«, hatte sein Haus 1798 an Johann Friedrich Essich verkauft. Hier traf sich Gustav Schwab, der seit 1809 am Evangelischen Stift Theologie studierte, mit seinen Freunden, was er in Versen besingt:

> Manch heitre Kneipe mag euch decken,
> Trinkt jeden Wein, der stark und mild,
> Doch ganz besonders laßt's euch schmecken,
> Seht ihr das goldne Lamm im Schild.
>
> Drum denkt an dieses liebe Städtchen,
> Denn alles Gute schließt es ein,
> viel treue Freunde, holde Mädchen,
> Manch frohes Lied, Germanias Wein!

Blick auf den Marktplatz von Tübingen. In der Mitte der rechten Häuserzeile befindet sich das Gasthaus »Lamm«. Gouache aus dem Jahr 1825

Titelblatt des von Gustav Schwab herausgegebenen Commersbuches, 3. Auflage 1820

Aus dieser eher losen Zusammenkunft, einer Art Stammtisch »Lammia«, entstand 1813 schließlich eine literarisch-ästhetische Studentenverbindung, die sich den programmatischen Namen »Romantika« gab. Schon zuvor hatten Karl Mayer und Heinrich Köstlin über ihre Brüder zum neuen Bund Fäden geknüpft, den jüngeren Romantikerkreis mit dem älteren verwoben und ihn binnen kurzem am *Poetischen Almanach auf das Jahr 1812* sowie am *Deutschen Dichterwald* beteiligt. Bald verband Gustav Schwab eine tiefe Freundschaft vor allem mit Justinus Kerner und Ludwig Uhland, mit dem zusammen er 1826 Hölderlins Gedichte herausbrachte, und den er lebenslang als seinen »literarischen Meister« verehrte. Ein literarisches Denkmal setzte Schwab der »Romantika« mit dem 1815 erschienenen Commersbuch *Germania*. Einen Namen machte er sich später mit den *Schönsten Sagen des klassischen Alterthums*, seinen Reisebeschreibungen, als Übersetzer, als Mitherausgeber des *Deutschen Musenalmanachs*, vor allem aber als Berater Cottas und Förderer junger Talente.

Das »trojanische Pferd Württembergs« im Augustinerkloster

Die nächste Station auf unserem literarischen Spaziergang durch Tübingen ist das Evangelische Stift am Neckarhang, dessen Anlage trotz mancher Umbauten und vielerlei Aufstockungen in den letzten Jahrhunderten noch immer die ursprüngliche Nutzung als Kloster der Augustiner-Eremiten vor Augen führt. Vom unteren Tor aus quert man den werktags geöffneten Eingangshof, geht durch das Portal und einen kleinen Gang hinein in den ehemaligen Kreuzgang. Nun kann man so richtig Stiftsluft genießen.

Im Zusammenhang mit der Reformation in Württemberg errichtete Herzog Ulrich 1536 ein Stipendium, ein »Stift«, zur Ausbildung evangelischer Geistlicher, das 1547 im aufgehobenen Augustinerkloster untergebracht wurde. Seitdem bildet es die Spitze eines bis heute existierenden Ausbildungssystems. Über ein »Landexamen« fand man Aufnahme in einer Klosterschule, einem kostenlosen Internat. Der Schulabschluss öffnete den Weg ins Stift und ermöglichte dort ein ebenfalls kostenfreies Theologiestudium, das schließlich nach einem Vikariat in den Pfarrberuf mündete. Zugute kam dieses System – bis ins 20. Jahrhundert hinein Württembergs klassischer Bildungsweg – den begabten Knaben aller Bevölkerungsschichten, doch diente es vor allem der bürgerlichen Oberschicht, insbesondere dem Pfarrerstand. Als »trojanisches Pferd Württembergs«, dem »Geisteshelden« entsteigen, rühmte es Nikodemus Frischlin. Tatsächlich verbinden sich mit den Stift viele illustre Namen. Johannes Kepler erfuhr hier seine Ausbildung ebenso wie Hegel, Schelling und Hölderlin, das berühmte »Dreigestirn«, das zeitweilig gar zusammen in der gleichen Stube wohnte.

Immer war das Sift auch eine Stätte der Dichter. Gustav Schwab war »Stiftler« von 1809 bis 1814, Wilhelm Hauff 1820 bis 1824. Von 1822 bis 1826 lebten und studierten hier Eduard

Das Evangelische Stift in Tübingen. Gouache von 1816

Mörike und sein Freundeskreis, dem Wilhelm Waiblinger, Johann Christoph Blumhardt, Wilhelm Hartlaub und Johannes Mährlen angehörten. Mit Ludwig Amandus Bauer erträumte Mörike »Orplid«, das Land, »das ferne leuchtet«, eine mythische Insel, ein verloren gegangenes Paradies, einst »Augapfel der Himmlischen«; mit Waiblinger besuchte er den kranken Hölderlin. Im Stift entstand 1825 das schönste Gedicht Mörikes »An einem Wintermorgen, vor Sonnenaufgang«. Einem Schlüsselerlebnis Mörikes, der Beziehung zu Maria Meyer, die im Juli 1824 überraschend in Tübingen auftauchte, verdanken wir den Peregrina-Zyklus:

> [...] Krank seitdem,
> Wund ist und wehe mein Herz.
> Nimmer wird es genesen! [...]

Zahlreiche namhafte Stiftler waren mit den schwäbischen Romantikern befreundet oder in vielerlei Hinsicht verbunden. Zu ihnen zählen die Dichter Hermann Kurz und Georg Herwegh, der Tübinger Professor für Ästhetik und Literaturgeschichte Friedrich Theodor Vischer oder David Friedrich Strauß, dessen 1835 erschienenes *Leben Jesu* einen »Meilenstein der Theologiegeschichte« setzte.

Von der Burg Hohentübingen zur Wurmlinger Kapelle

Noch gäbe es in Tübingen vieles zur Romantik zu entdecken. Man könnte zum Stadtfriedhof gehen, wo die Gräber von Hölderlin und Uhland sind, oder zur alten Lateinschule am Schulberg, wo Hauff und Uhland unterrichtet wurden, oder zu den Geburts- und Wohnhäusern von Uhland und Hauff: Neckarhalde 24, Hafengasse 3 und Haaggasse 15. Reizvoll ist ein Spaziergang durch das Käsenbachtal, das Elysium der Tübinger Romantiker, hoch zum Botanischen Garten. Lohnend wäre ein Besuch des Klosters Bebenhausen, dem Refugium des alten Mörike. Geradezu obligatorisch ist ein Spaziergang von Tübingen über das Schloss Hohentübingen zur Wurmlinger Kapelle. Mindestens aber sollte man noch hoch zum Schloss und von dort auf die Stadt und die Umgebung schauen.

Kaum ist man durch das herrliche Renaissanceportal hindurch, kann man einen Blick übers Neckartal hinweg zur Schwäbischen Alb genießen, »eine Mauer aus blauen Glasbergen«, hinter der »der Königin von Saba Schneckengärten liegen«, wie es in Mörikes *Stuttgarter Hutzelmännlein* heißt. Vorbei geht's an einer Linde, die Ludwig Uhland zu seinem bekannten Gedicht »Ich saß bei jener Linde mit meinem trauten Kinde« inspiriert haben soll. Nach einem Blick ins Ammertal auf der anderen Seite überquert man den Schlossgraben und betritt den Innenhof, der sich frisch renoviert darbietet, ganz anders als ihn Hölderlin um 1790 erlebt hat:

Partie von Tübingen auf dem Rücken des Schlossbergs, Gouache, um 1800

Burg Tübingen

Still und öde steht der Väter Veste,
Scharz und moosbewachsen Pfort' und Turm,
Durch der Felsenwände trübe Reste
Saußt um Mitternacht der Wintersturm, [...]

Hier ertönen keine Festgesänge
Lobzupreisen Manas Heldenland
Keine Fahne weht im Siegsgepränge
Hochgehoben in des Kriegers Hand,
Keine Rosse wiehern in den Thoren
Bis die Edeln zum Turniere nah'n
Keine Doggen, treu und auserkoren
Schmiegen sich den blanken Panzern an. [...]

> Hier im Schatten grauer Felsenwände,
> Von des Städters Bliken unentweiht,
> Knüpfe Freundschaft deutsche Biederhände
> Schwöre Liebe für die Ewigkeit,
> Hier wo Heldensagen niederrauschen
> Traufe Vaterseegen auf den Sohn
> Wo den Lieblingen die Geister lauschen
> Spreche Freiheit den Tyrannen Hohn! [...]

Wer nun doch noch Zeit und Muße hat, quert den Innenhof des Schlosses, geht einen schmalen Gang hindurch, steigt Treppen hinab und wieder hinauf und gelangt schließlich zur Schlossstraße, deren Verlauf in den Weg zur Wurmlinger Kapelle mündet.

Damit betritt man den beliebtesten Spazierweg der Tübinger Romantiker, der immer wieder bezaubernde Blicke ins Neckar- und Ammertal erlaubt.

Berühmt ist die exponierte Lage der Kapelle, die Dichter geradezu herausfordert. So erging es Nikolaus Lenau, der 1831 mit Uhland zur Kapelle spaziert war, dann zurückblieb – »einsam, mit einem Gedichte umgehend, bis nach untergegangener Sonne« – und schließlich die Verse mitbrachte:

> Luftig wie ein leichter Kahn,
> Auf des Hügels grüner Welle
> Schwebt sie lächelnd himmelan,
> Dort die friedliche Kapelle. [...]
>
> Hier ist all mein Erdenleid
> Wie ein trüber Duft zerflossen;
> Süße Todesmüdigkeit
> Hält die Seele hier umschlossen.

Die Wurmlinger Kapelle. Holzschnitt von 1887

Am bekanntesten freilich wurde das am 21. September 1805 auf einem Spaziergang mit Kerner entstandene Gedicht Uhlands, mehrfach vertont und noch immer gesungen:

> Droben stehet die Kapelle,
> Schauet still in's Tal hinab.
> Drunten singt bei Wies' und Quelle
> Froh und hell der Hirtenknab.
>
> Traurig tönt das Glöcklein nieder,
> Schauerlich der Leichenchor!
> Stille sind die frohen Lieder,
> Und der Knabe lauscht empor.
>
> Droben bringt man sie zu Grabe,
> Die sich freuten in dem Tal;
> Hirtenknabe, Hirtenknabe!
> Dir auch singt man dort einmal.

»In deinen Thälern wachte mein Herz mir auf
Zum Leben, deine Wellen umspielten mich«

Neckarland – Dichterland. Von Lauffen bis Nordstetten

In deinen Thälern wachte mein Herz mir auf
Zum Leben, deine Wellen umspielten mich,
Und all die holden Hügel, die dich
Wanderer! kennen, ist keiner fremd mir.

Auf ihren Gipfeln löste des Himmels Luft
Mir oft der Knechtschaft Schmerzen; und aus dem Thal,
Wie Leben aus dem Freudebecher,
Glänzte die bläuliche Silberwelle. [...]

Und o ihr schönen
    Inseln Ioniens! [...]

Zu euch, ihr Inseln! bringt mich vielleicht, zu euch
Mein Schutzgott einst; doch weicht mir aus treuem Sinn
Auch da mein Nekar nicht mit seinen
Lieblichen Wiesen und Uferweiden.

Man darf darüber streiten, ob diese 1801 erstmals veröffentlichte Ode von Friedrich Hölderlin das schönste Gedicht auf den Neckar ist, doch unbestritten gehört es zu den besten. Wie kaum einem Zweiten gelingt es Hölderlin auch hier, Abstraktes und Konkretes, Philosophisches und Anschauliches, Heimatlich-Individuelles und Allgemein-Gültiges zusammenzuziehen. Hölderlins Fluss nennt ihn Peter Härtling und denkt dabei vor allem an die Lebensstationen des Dichters: Lauffen, wo er geboren wurde, Nürtingen, wo er aufwuchs, Tübingen, wo seine Karriere begann und wo er die letzten Jahrzehnte seines Lebens, krank und gebrochen, in der Familie des Schreinermeisters Zimmer verbrachte. Mit dem Neckartal beginnen auch Gustav Schwabs *Wanderungen durch Schwaben*, 1837 erstmals erschienen. »Unsre Gallerie malerischer Gegenden aus Schwaben eröffnet sich«, heißt es dort, »mit einem Thale, über welches eine südlichere Natur das Füllhorn ihres Segens ausgegossen zu haben scheint.« Nach Schwabs Meinung »drängt« sich auf dem von ihm beschriebenen Flussabschnitt von Stuttgart bis Heidelberg, der »zu den freundlichsten und fruchtbarsten von ganz Schwaben« gehöre, »das Malerische und Romantische« im »Schauplatze der Natur«:

»Das üppigste Rebenlaub kleidet seine sonnigen Hügel, deren Höhen und tiefere Thaleinschnitte wuchernde Obstgärten oder vielmehr Obstwälder bedecken und ausfüllen; breite Weidenpflanzungen auf frischen grünen Wiesen ziehen sich zu beiden Seiten der Flussufer hin und machen, in der Nähe zahlreicher und lachender Ortschaften, Gärten und Äckern, wohl auch Weinpflanzungen Platz; [...] einige Dörfer sind, wie die Städte Italiens, ganz auf Hügeln gelagert; die neueste Zeit hat diesem lachenden Gemälde Landhäuser, Tempel, Badehallen und Pavillons hinzugefügt.«

Mit ihren Lobpreisungen stehen Hölderlin und Schwab nicht allein. Viele ließen sich zitieren. Nur einer noch sei zum Zeugen gerufen, ein Unparteiischer gewissermaßen, ein Nichtschwabe: Ludwig Tieck, aus Berlin stammend, zu seiner Zeit als »König der Romantik« gefeiert, meint: »Es gibt Gegenden, bei denen uns ist, als hätten sie schon seit Jahren mit recht sehnsüchtiger Liebe auf uns gewartet oder als sei lange unser Geist dort schon heimisch gewesen, so bekannt, so lieb ist uns alles; [...] und die Neckartäler [sind] nächst den Rheinufern das Lieblichste, was ich in Deutschland kenne.«

Das Neckartal bei Neckarsteinach, kolorierter Stahlstich, um 1840

Doch das »Füllhorn des Segens« hat nicht nur liebliche und romantische Gefilde ausgeschüttet, es hat den fruchtbaren und idyllischen Landschaften auch eine Fülle von Dichtern und Poeten beschert. So spiegeln sich auch viele literarische Orte und Stätten in den Wellen des Neckars, säumen den Fluss von seiner Quelle bis zu seiner Mündung. Wer ihn entlang reist, berührt die großen Zentren der Romantik – Heidelberg, Weinsberg, Ludwigsburg, Tübingen –, die mit vielen Namen verbunden sind, ebenso wie kleinere literarische Orte die Erinnerungen an einzelne wach halten.

Zum Auftakt: Lauffen, Geburtsort von Friedrich Hölderlin

Da ist zum Beispiel Lauffen, das seinen Namen dem durch Stromschnellen bedingten raschen Lauf des Neckars verdankt. Unweit des Zuflusses durch die Zaber vor der Stadt lag einst ein

Frauenkloster. In der Reformationszeit aufgehoben, wurde sein Vermögen von weltlichen Verwaltern weiter versorgt. Hier wurde am 20. März 1770 Friedrich Hölderlin als Sohn des damaligen Klosterhofmeisters geboren.

In der 1924 wieder aufgebauten Klosterkirche – die Anlage wurde 1807 fast gänzlich abgebrochen – befindet sich heute ein Museum, das unter anderem an die Kindheitstage des Dichters erinnert. Porträts der Großeltern und Eltern sind ebenso zu sehen wie das kirchliche Taufregister mit den Einträgen der Paten oder eine Inventarliste des Haushaltes, die nach dem frühen Tod des Vaters am 5. Juli 1772 gefertigt wurde. Unweit des Museums steht an der belebten Nordheimer Straße das Haus Nr. 5, das möglicherweise das Geburtshaus Hölderlins ist.

In entgegengesetzter Richtung, wieder am Museum vorbei, findet man im Park ein Denkmal, das ein bronziertes Zinkrelief mit der Büste des jungen Dichters enthält. Ursprünglich war es, 1873 von dem bedeutenden Stuttgarter Kunstgießer Wilhelm Pelargus hergestellt, am inzwischen abgerissenen Amtshaus angebracht, das lange Zeit als Geburtshaus Hölderlins galt. Unter dem Porträt kann man, auf einer Steintafel eingemeißelt, einige Zeilen aus Hölderlins erster Elegie *Der Wanderer* lesen, die er 1797 an Schiller gesandt hat:

> Seliges Land! kein Hügel in dir wächst ohne den Weinstok,
> Nieder ins schwellende Gras regnet im Herbste das Obst.
> Fröhlich baden im Strome den Fuß die glühenden Berge,
> Kränze von Zweigen und Moos kühlen ihr sonniges Haupt.

Seit 2003 ist noch ein zweites Hölderlindenkmal in Lauffen, nur wenige Schritte vom ersten entfernt, zu bewundern. »Hölderlin im Kreisverkehr« nennt es sein Schöpfer, der Bildhauer Peter Lenk. Und tatsächlich steht es in der Mitte eines Verkehrsknotenpunkts. Wer sich davon nicht abschrecken lässt, kann vieles entdecken: Schiller und Goethe, Herzog Karl Eugen, Hölderlin

Der Klosterhof in Lauffen, Bleistiftzeichnung von Julius Nebel, um 1800

und Diotima sowie Friedrich Nietzsche auf einem Fahrrad die »Verbindungsfigur zur Hölderlin-Rezeption«, wie man im Internet nachlesen kann.

Ob es Hölderlin gefallen würde? Er hat mit seiner Kunst auch an Lauffen erinnert, seine Geburtsstadt, die damals an der Grenze Württembergs lag, zum Beispiel in der an seinen Freund Siegfried Schmid gerichteten Elegie »Stutgard«:

[...] Aber damit uns nicht, gleich Allzuklugen, entfliehe
Diese neigende Zeit, komm' ich entgegen sogleich,
Bis an die Grenze des Lands, wo mir den lieben Geburtsort
Und die Insel des Stroms blaues Gewässer umfließt.
Heilig ist mir der Ort, an beiden Ufern, der Fels auch,
Der mit Garten und Haus grün aus den Wellen sich hebt.
Dort begegnen wir uns; o gütiges Licht! wo zuerst mich
Deiner gefühlteren Stralen mich einer betraf.
Dort begann und beginnt das liebe Leben von neuem;
Aber des Vaters Grab seh' ich und weine dir schon? [...]

Friedrich Hölderlin, getönte Bleistiftzeichnung von 1786

Von Lauffen nach Nürtingen

Wer von Lauffen den Neckar aufwärts weiter reist, kann noch an manchem Ort schwäbischen Dichtern aus romantischer Zeit begegnen.

Gleich nach Lauffen lohnt der Besuch von Bönnigheim, wo im ehemaligen Forstgefängnis an Sophie von La Roche, die Großmutter von Bettine von Arnim und Clemens Brentano, erinnert wird. Im daneben liegenden Schloss des Grafen Friedrich von Stadion hat sie 1770/71 ihren Erstlingsroman *Geschichte des Fräuleins von Sternheim* vollendet, der sie über Nacht berühmt gemacht hat. Und gleich ums Eck ist der Michaelsberg, wo man Mörikes *Erzengel Michaels Feder* deklamieren sollte.

Aber weiter Neckar aufwärts. Vorbei an Esslingen, wo das Seracher Schlösschen des Grafen Alexander am Fuß des Kirschenbuckels ein beliebter Treffpunkt des Dichterkreises um Uhland, Schwab, Kerner, Lenau war und Achim von Arnim Anregungen für *Die Kronenwächter* gefunden hat; vorbei an Köngen, wo Mörike einen Teil seiner »Vikariatsknechtschaft« ableistete, kommt man nach Nürtingen. Dort trifft man wieder auf Hölderlin, der als vierjähriger Knabe mit der Mutter, dem Stiefvater und der Schwester hier 1774 im ehemaligen Schweizerhof, Neckarsteige Nr. 7, eine neue Heimat fand.

Da ich ein Knabe war,
Rettet' ein Gott mich oft
Vom Geschrei und der Ruthe der Menschen,
Da spielt' ich sicher und gut
Mit den Blumen des Hains,
Und die Lüftchen des Himmels
Spielten mit mir. [...]

In Nürtingen besuchte er die Lateinschule, in der daneben liegenden spätgotischen Laurentiuskirche wurde er konfirmiert. Nachdem sie den Schweizerhof 1795 verkauft hatte, lebte die Mutter Johanna Gok, 1779 ein zweites Mal Witwe geworden, bis zu ihrem Tod 1828 in der Marktstraße 6. Hierher ist Friedrich Hölderlin immer wieder zurückgekehrt, aus Jena, Homburg, Hauptwil, Bordeaux. Wer mehr über ihn und Nürtingen erfahren möchte, sollte nach einem kleinen Rundgang auch das Stadtmuseum aufsuchen, wo man Familiendokumente, literarische Zeugnisse und Auszüge aus den vor wenigen Jahren wieder gefundenen Pflegschaftsakten des kranken, in Tübingen lebenden Dichters beschauen kann.

Noch einem zweiten Dichter kann man in Nürtingen begegnen: Eduard Mörike. Von 1826 bis 1832 wohnte seine Mutter

Nürtingen,
Farbzeichnung
von
Karl Stirner,
1941

in der Kirchstraße 17, die er oft besuchte. Auch nach 1832 kam er immer wieder in die Stadt, um Verwandte zu besuchen oder Hölderlins Schwester, die ihm, wie er am 6. Februar 1843 seinem Freund Hartlaub mitteilte, »einen großen Korb« gefüllt mit Manuskripten ihres Bruders übergab. »Besonders rührend waren mir so kleine verlorene Wische aus seiner Homburger u. Jenaer Zeit, die mich unmittelbar in sein trauriges Leben und dessen Anfänge versezten.« Im Alter wurde die Stadt für Mörike zum Fluchtort, wenigstens für einige Monate, vom Februar 1870 bis zum Juni 1871. Zunächst wohnte er in der Neckarsteige 36, dann quartierte sich der Ruhelose in der Marktstraße 6 ein.

Von Mörike bewahrt das Stadtmuseum eine Fensterscheibe, in die er seine Initialen und das Datum 21. April 1871 eingeritzt hat. Literarische Denkmale hat er der Stadt im *Stuttgarter Hutzelmännlein* hinterlassen. Zudem widmete er Nürtingens renommierter Lateinschule und Friedrich Wilhelm Joseph Schelling zwei Distichen; Schelling war neben Hölderlin einer ihrer berühmten Schüler:

Einen Genius hast du der Welt in Schelling erzogen;
Dessen berühmest du dich, wackere Schule, mit Recht.
Hätte Dir Schwaben nur mehr von solcherlei Samen zu senden,
Nicht am Gärtner fürwahr, daß er dir blühte, gebricht's.

Zum Ausklang: Schwarzwälder Dorfgeschichten

Wer die literarische Reise den Neckar hinauf fortsetzen möchte, kann über Tübingen bis Rottweil reisen, wo im Fremdenbuch des Gasthauses »Zum Wilden Mann« Ludwig Uhland, Moritz Rapp, einer »der originellsten Köpfe der schwäbischen Literatur«, und Berthold Auerbach verzeichnet sind. Auf jeden Fall aber sollte man den Horber Stadtteil Nordstetten besuchen, wo am 28. Februar 1812 Berthold Auerbach als neuntes Kind eines jüdischen Händlers geboren wurde. Er zählt mit seinem Werk, in dem er der romantischen Schule bereits neue Wege aufzeigt, zu den erfolgreichsten und populärsten Schriftstellern des 19. Jahrhunderts. Erinnert sei an seine einst hoch gerühmten *Schwarzwälder Dorfgeschichten*. »Kennen sie diese?«, heißt es um 1848 in einem Brief an David Friedrich Strauß, und: »Wo nicht, so müssen Sie sie lesen; es ist der Mühe werth, ich nehme den Hut ab vor Respect gegen den Mann. Der weiß die Wirklichkeit, die ganz gewöhnliche, poetisch zu fassen und zu gestalten – keine romantischen Excurse ins Mittelalter, zu Rittern und Gnadenbildern [...] sondern das Judendorf Nordstetten, Bauern, Knechte, Kühe, Hairlen, und doch Alles schöne poetische Genrebilder, und in aller Einfachheit oft voll lyrischer Tiefe.«

Berthold Auerbach, nach einer Fotografie, um 1870

Nützliche Informationen und Adressen

Baden-Baden
Stadtmuseum, Lichtentaler Allee 10, Telefon (0 72 21) 93 22 72.
Öffnungszeiten: Di bis So 11 bis 18 Uhr, Mi 11 bis 20 Uhr.
Trinkhalle, Kaiserallee.
Öffnungszeiten: ganzjährlich ganztags.

Bad Säckingen
Museum im Schloss Schönau, Telefon (0 77 61) 22 17.
Öffnungszeiten: Di, Do, So 14 bis 17 Uhr.

Blaubeuren
Schubart-Stube im Amtshaus des Klosters, Klosterhof 8,
 Telefon (0 73 44) 96 69-0.
Öffnungszeiten: nach Vereinbarung.

Bönnigheim
Museum Sophie La Roche, Schlossstraße 35, Telefon (0 71 43) 2 73-25.
Öffnungszeiten: Fr 14 bis 17 Uhr; Sa, So 11 bis 17 Uhr.

Calw-Hirsau
Klostermuseum, Calwer Straße 6, Telefon (0 70 51) 1 67-2 60.
Öffnungszeiten: April bis Oktober Di bis So 14 bis 17 Uhr;
 November bis März geschlossen.
Ruine Kloster Hirsau.
Öffnungszeiten: ganzjährlich ganztags.

Neuenstadt am Kocher-Cleversulzbach
Mörike-Museum im Alten Schulhaus, Turmhahnstraße 2,
 Telefon (0 70 39) 97 23.
Öffnungszeiten: So und Feiertag 11 bis 16.30 Uhr.

Gomaringen
Schloss- und Gustav-Schwab-Museum, Telefon (0 70 72) 88 44
 oder 91 55 41.
Öffnungszeiten: So 11 bis 17 Uhr.

Hausen im Wiesental
Heimatmuseum im Johann-Peter-Hebel-Haus, Bahnhofstraße 2,
 Telefon (0 76 22) 68 73-0.
Öffnungszeiten: So 10 bis 12 Uhr.

Heidelberg
Schloss, Telefon (0 62 21) 53 84 21.
Öffnungszeiten: Schlosshof und Großes Fass täglich 8 bis 18 Uhr.
Wechselausstellungen zur Literatur in Heidelberg, Germanistisches Seminar im Palais Boisserée, 1. Obergeschoss, Hauptstraße 207–209, Telefon (0 62 21) 58-3 30 00 (Kulturamt der Stadt Heidelberg).

Singen (Hohentwiel)
Festungsruine Hohentwiel, Telefon (0 77 31) 8 52 62.
Öffnungszeiten: 16. bis 31. März sowie 16. September bis 31. Oktober: 10 bis 18 Uhr; 1. April bis 15. September: 9 bis 19.30 Uhr; 1. November bis 15. März: 11 bis 16 Uhr.

Horb-Nordstetten
Berthold-Auerbach-Museum im Schloss, Telefon (0 74 51) 22 74.
Öffnungszeiten: Mo, Do 8.30 bis 12.30, Di 14 bis 18 Uhr, Fr 8.30 bis 10.30 Uhr (vorher bei der Ortschaftsverwaltung melden).

Karlsruhe
Museum für Literatur am Oberrhein im PrinzMaxPalais, Karlstraße 10, Telefon (07 21) 1 33-40 87.
Öffnungszeiten: Di, Mi, Fr, So 10 bis 18 Uhr, Do 10 bis 19 Uhr.

Lauffen am Neckar
Hölderlin-Zimmer im Museum, Klosterhof 4, Telefon (0 71 33) 1 22 22 oder 1 06-0.
Öffnungszeiten: Sa, So 14 bis 17 Uhr.

Lichtenstein
Schloss Lichtenstein, Telefon (0 71 29) 41 02
Öffnungszeiten: Januar und Dezember geschlossen; Februar, März und November: Sa, So und feiertags 10 bis 16 Uhr; April bis Oktober täglich 9 bis 17.30 Uhr.

Lichtenstein-Honau
Wilhelm-Hauff-Museum, Echazstraße 2, Telefon (0 71 29) 23 56 oder 23 29.
Öffnungszeiten: 1. April bis 15. November: Sa, So und feiertags 14 bis 17 Uhr.

Lörrach
Museum am Burghof, Basler Straße 143, Telefon (0 76 21) 91 93 70.
Öffnungszeiten: Mi bis Sa 14 bis 17 Uhr, So 11 bis 17 Uhr.

Ludwigsburg
Städtisches Museum, Wilhelmstraße 9/1, Telefon (0 71 41) 9 10-22 90.
Öffnungszeiten: Mi bis So 10 bis 12 und 13 bis 17 Uhr.
Blühendes Barock am Ludwigsburger Schloss.
Öffnungszeiten: ganzjährlich ganztags.

Maulbronn
Zisterzienserabtei und Klostermuseum, Telefon (0 70 43) 92 66 10.
Öffnungszeiten: März bis Oktober täglich 9 bis 17.30 Uhr; November bis Februar Di bis So 9.30 bis 17 Uhr.

Meersburg
Annette-von-Droste-Gedenkräume im Alten Schloss,
Telefon (0 75 32) 8 00 00.
Öffnungszeiten: März bis Oktober täglich 9 bis 18.30 Uhr; November bis Februar täglich 10 bis 18 Uhr.
Droste-Museum im Fürstenhäusle, Stettener Straße 15,
Telefon (0 75 32) 60 88.
Öffnungszeiten: April bis Oktober Mo bis Sa 10 bis 12.30 Uhr und 14 bis 17 Uhr; So und feiertags 14 bis 17 Uhr.

Nürtingen
Ausstellung »Hölderlin und Nürtingen« im Stadtmuseum,
Telefon (0 70 22) 3 63 34.
Öffnungszeiten: Di, Mi, Sa 14.30 bis 17 Uhr, So 14.30 bis 18 Uhr; April bis September: So 11 bis 18 Uhr.

Schopfheim
Johann Peter Hebel im Museum der Stadt, Wallstraße 10,
Telefon (0 76 22) 6 37 50.
Öffnungszeiten: Mi, Sa 14 bis 17, So 10 bis 12 und 14 bis 17 Uhr.

Stuttgart
Hoppenlau-Friedhof.
Öffnungszeiten: ganzjährlich bis 20 Uhr.

Tübingen
Hölderlinturm, Telefon (0 70 71) 2 20 40.
Öffnungszeiten: Di bis Fr 10 bis 12 Uhr und 15 bis 17 Uhr.

Wangen im Allgäu
Deutsches Eichendorff-Museum und -Archiv, Lange Gasse 1,
Telefon (0 75 22) 38 40 oder 37 04.
Öffnungszeiten: April bis Oktober Di bis Fr, So 14 bis 17 Uhr, Mi 10 bis 12 Uhr, Sa 10 bis 17 Uhr.

Weinsberg
Justinus-Kerner-Haus, Öhringer Straße 3, Telefon (0 71 34) 25 53.
Öffnungszeiten: Di bis So 14 bis 17 Uhr, außer 1. So im Monat.

Literarische Spaziergänge in Baden-Baden, Ludwigsburg, Maulbronn, Stuttgart, Weinsberg und anderen Orten veranstalten Hahn & Kusiek, Telefon (0 71 44) 85 88 37, Internet: www.litspaz.de

Bildnachweis

Deutsches Literaturarchiv, Marbach am Neckar: Seite 13, 22, 35, 40, 41, 44, 46, 49, 55, 62, 64, 65, 73, 74, 76, 103, 105, 108, 117, 131, 132, 136, 144, 147, 148, 151, 154, 155, 156, 157, 159, 160, 162, 163, 164, 166, 169, 170, 179, 180, 181, 185, 186, 188, 190, 192, 195, 198, 199, 200, 218.
Privat: Seite 2, 14, 38, 43, 50, 53, 78, 85, 101, 112, 128, 171, 173, 206, 212, 215.
Städtisches Museum Ludwigsburg: Seite 139, 142, 143.
Alle anderen Abbildungen stammen aus den im Literaturverzeichnis genannten Publikationen.

Benutzte und weiterführende Literatur

Achim von Arnim und Clemens Brentano, *Des Knaben Wunderhorn. Alte deutsche Lieder.* Kritische Ausgabe. Hrsg. v Heinz Rölleke. Reclam, Stuttgart 1987.
Bettine von Arnim, *Clemens Brentano's Frühlingskranz/Die Günderode.* Hrsg. von Walter Schmitz. Deutscher Klassiker Verlag, Frankfurt am Main 2006.
Hans Bender und Fred Oberhauser, *Schwarzwald und Oberrhein. Der literarische Führer.* Insel Verlag, Frankfurt am Main 1993.
Albrecht Bergold, Jutta Salchow und Walter Scheffler, *Kerner. Uhland. Mörike. Schwäbische Dichtung im 19. Jahrhundert.* Marbacher Katalog Nr. 34. Deutsche Schillergesellschaft, Marbach am Neckar 1980.
Heinrich Berl, *Baden-Baden im Zeitalter der Romantik. Die literarische und musikalische Romantik des neunzehnten Jahrhunderts.* Verlag Willy Schmidt, Baden-Baden 1981.
Walter Berschin und Werner Wunderlich (Hrsg.), *Joseph Victor von Scheffel (1826-1886). Ein deutscher Poet – gefeiert und geschmäht.* Jan Thorbecke Verlag, Ostfildern 2003.
Effi Biedrzynski, *Mit Goethe durch das Jahr 1998. Marianne von Willemer, Goethes Suleika.* Artemis & Winkler Verlag, Düsseldorf/Zürich 1997.
Anna Blos, *Frauen in Schwaben. Fünfzehn Lebensbilder.* Verlag Silberburg, Stuttgart 1929.
Arno Borst, *Ritte über den Bodensee. Rückblick auf mittelalterliche Bewegungen.* Libelle Verlag, Bottighofen 1992.
Horst Brandstätter und Jürgen Holwein, *Stuttgart. Dichter sehen eine Stadt. Texte und Bilder aus 150 Jahren.* J. B. Metzler'sche Verlagsbuchhandlung, Stuttgart 1989.
Wolfgang Braungart und Ralf Simon (Hrsg.), *Eduard Mörike. Ästhetik und Geselligkeit.* Niemeyer Verlag, Tübingen 2004.
Renate Braunschweig-Ullmann, *Die Residenz und die Dichter. Wege zu einer literarischen Topographie der Stadt Karlsruhe.* Badenia Verlag, Karlsruhe 1994.
Stefan Büttner und Oliver Fink, *Poetisches Heidelberg. Dichter, Philosophen und Gelehrte. Wohnorte, Wirken und Werke.* Verlag Jena 1800, Jena 2000.
Matthias Bumiller und Nathalie Wulff, *Luftmusik. Über die Äolsharfe.* Edition Solitude, Stuttgart 2003.
Michael Buselmeier, *Literarische Führungen durch Heidelberg. Eine Stadtgeschichte im Gehen.* Verlag Das Wunderhorn, Heidelberg 1996.
Michael Buselmeier (Hrsg.), *Heidelberg Lesebuch. Stadt-Bilder von 1800 bis heute.* Insel Verlag, Frankfurt am Main 1986.
Uli Däster, *Johann Peter Hebel in Selbstzeugnissen und Bilddokumenten.* Rowohlt Taschenbuch Verlag, Reinbek 1973.
Günter Debon, *Das Heidelberger Jahr Joseph von Eichendorffs.* Verlag Brigitte Guderjahn, Heidelberg 1996.

Gisela Dischner, *Caroline und der Jenaer Kreis. Ein Leben zwischen bürgerlicher Vereinzelung und romantischer Geselligkeit*. Klaus Wagenbach Verlag, Berlin 1979.

Annette von Droste-Hülshoff, *Historisch-kritische Ausgabe: Werke, Briefwechsel*. Hrsg. von Winfried Woesler. Max Niemeyer Verlag, Tübingen 1978 ff.

Joseph von Eichendorff, *Werke*. Hrsg. von Wolfgang Frühwald. Deutscher Klassiker Verlag, Frankfurt am Main 1985 ff.

Armin Elhardt, *Legationsrat Richter? Den kennt niemand ... Jean Pauls Besuch in Stuttgart*. Spuren 53. Deutsche Schillergesellschaft, Marbach am Neckar 2001.

Irene Ferchl, *Die zweite Hälfte meiner Heimath. Annette von Droste-Hülshoff am Bodensee*. Klöpfer & Meyer Verlag, Tübingen 1998.

Irene Ferchl, *Stuttgart – Literarische Wegmarken in der Bücherstadt*. Verlag Klett-Cotta, Stuttgart 2000.

Irene Ferchl und Wilfried Setzler, *Mit Mörike von Ort zu Ort. Lebensstationen des Dichters in Baden-Württemberg*. Silberburg-Verlag, Tübingen 2004.

Bernhard Fischer, *Der Badische Hof 1807–1830. Cottas Hotel in Baden-Baden*. Marbacher Magazin 79. Deutsche Schillergesellschaft, Marbach am Neckar 1997.

Klaus F. Fischer, *Russen in Baden-Baden. Aus der Chronik eines Gesellschaftsbades*. Battert Verlag, Baden-Baden 1986.

Ulrich Gaier und Helmut Weidhase, *Joseph Freiherr von Laßberg (1770–1855). Imaginierte Lebensformen des Mittelalters*. Marbacher Magazin 82. Deutsche Schillergesellschaft, Marbach am Neckar 1998.

Dagmar von Gersdorff, *Die Erde ist mir Heimat nicht geworden. Das Leben der Karoline von Günderrode*. Insel Verlag, Frankfurt am Main 2006.

Karoline von Günderrode, *Der Schatten eines Traumes. Gedichte, Prosa, Briefe, Zeugnisse von Zeitgenossen*. Hrsg. und mit einem Essay von Christa Wolf. Luchterhand Verlag, Darmstadt und Neuwied, 1979.

Klaus Günzel, *Die deutschen Romantiker. 125 Lebensläufe. Ein Personenlexikon*. Artemis & Winkler Verlag, Düsseldorf/Zürich 1995.

Jacob und Wilhelm Grimm, *Die Deutsche Heldensage*, in: *Sämtliche Werke. Abt. II, Band 36*. Hrsg. von Otfried Ehrismann. Verlag Olms, Hildesheim 1999.

Peter Härtling, *Hölderlin. Ein Roman*. Luchterhand Verlag, Darmstadt 1976.

Peter Härtling und Gerhard Kurz (Hrsg.), *Hölderlin und Nürtingen*. J. B. Metzler'sche Verlagsbuchhandlung, Stuttgart 1994.

Johann Jakob Hässlin (Hrsg.), *Stuttgart*. Prestel Verlag, München 1968.

Marek Halub und Hans Mattern (Hrsg.), *Und morgen ist's Feiertag. Gedichte von Gustav Schwab*. Verlag Manfred Hennecke, Remshalden-Buoch 1994.

Marek Halub und Hans Mattern, *Gustav Schwab und Schwaben*. Gomaringer Verlag, Gomaringen 2000.

Klaus-Peter Hartmann, *Hirsau im Spiegel der Literatur. Streifzug durch ein Jahrtausend*. In: *Der Landkreis Calw. Ein Jahrbuch*. Landratsamt Calw, 2002.

Wilhelm Hauff, *Werke*. Hrsg. von Bernhard Zeller. 2 Bände. Insel Verlag, Frankfurt am Main 1969.

Johann Peter Hebel, *Werke*. Hrsg. von Eberhard Meckel. 2 Bände. Insel Verlag, Frankfurt am Main 1986.

Johann Peter Hebel. Text + Kritik. Zeitschrift für Literatur, hrsg. von Heinz Ludwig Arnold, Heft 151. Göttingen 2001.

Johann Peter Hebel. Wesen. Werk. Wirkung. Hrsg. von der Basler Hebelstiftung. GS-Verlag, Basel 1990.

Frieder Hepp, Ulrike Pecht und Armin Schlechter, *Und dir schenken ein kunstlos Lied. Dichter auf der Durchreise.* Katalog zur Ausstellung. Verlag Regionalkultur, Ubstadt-Weiher 2004.

Hermann Hesse, *Die Nürnberger Reise.* In: *Ausgewählte Schriften.* Suhrkamp Verlag, Frankfurt am Main 1994.

Markus Hille, *Karoline von Günderrode mit Selbstzeugnissen und Bilddokumenten.* Rowohlt Taschenbuch Verlag, Reinbek 1999.

Ottmar Hinz, *Wilhelm Hauff mit Selbstzeugnissen und Bilddokumenten.* Rowohlt Taschenbuch Verlag, Reinbek 1989.

Friedrich Hölderlin, *Sämtliche Werke.* Herausgegeben von Friedrich Beissner. Band 1, Verlag J. G. Cottasche Buchhandlung Nachfolger, Stuttgart 1943. Band 2, Kohlhammer Verlag, Stuttgart 1951.

Georg Holzwarth, *Bei einem Wirte wundermild. Literarische Gasthäuser in Baden-Württemberg.* Konrad Theiss Verlag, Stuttgart 1990.

Helmut Hornbogen, *Tübinger Dichter-Häuser.* Literaturgeschichten aus Schwaben. Verlag Schwäbisches Tagblatt, Tübingen 1999.

Ricarda Huch, *Die Romantik.* H. Haessel Verlag, Leipzig 1931.

Christoph Jamme und Otto Pöggeler (Hrsg.), *O Fürstin der Heimath! Glükliches Stutgard. Politik, Kultur und Gesellschaft im deutschen Südwesten um 1800.* Verlag Klett-Cotta, Stuttgart 1988.

Justinus Kerner, *Die Reiseschatten. Von dem Schattenspieler Luchs.* Hrsg. und mit e. Nachwort von Gunter E. Grimm. Insel Verlag, Frankfurt am Main 1996.

Justinus Kerner, *Das Bilderbuch aus meiner Knabenzeit.* In: *Das Leben des Justinus Kerner. Erzählt von ihm selbst und seiner Tochter Marie.* Justinus-Kerner-Verein und Frauenverein Weinsberg, 2005.

Theobald Kerner, *Das Kernerhaus und seine Gäste.* Erinnerungen. Justinus-Kerner-Verein und Frauenverein Weinsberg, 2005.

Diethard H. Klein und Teresa Müller-Roguski (Hrsg.), *Karlsruhe. Ein Lesebuch. Die Stadt Karlsruhe einst und jetzt in Sagen und Geschichten, Erinnerungen und Berichten, Briefen und Gedichten.* Husum Verlag, Husum 1989.

Günther F. Klümper, *Die Sagen der Trinkhalle Baden-Baden. Darstellung und Spurensuche.* Aquensis Verlag, Baden-Baden 2004.

Hermann Korte, *Joseph von Eichendorff mit Selbstzeugnissen und Bilddokumenten.* Rowohlt Taschenbuch Verlag, Reinbek 2000.

Heike Kronenwett u. a., *Die Lichtentaler Allee im Wandel der Zeit.* Katalog zur Ausstellung im Stadtmuseum, Baden-Baden 2005.

Peter Lahnstein, *Bürger und Poet. Dichter aus Schwaben als Menschen ihrer Zeit.* Franckh'sche Verlagshandlung, Stuttgart 1966.

Nikolaus Lenau, *Sämtliche Werke und Briefe,* auf der Grundlage der historisch-kritischen Ausgabe von Eduard Castle herausgegeben von Walter Dietze. Insel Verlag, Frankfurt am Main 1971.

Petra Maisak, *Im Bildersaal. Goethe und die Sammlung Boisserée in Heidelberg.* Spuren 35. Deutsche Schillergesellschaft, Marbach am Neckar 2000.

Gerhard Moehring, *Den Blick zum Belchen gewendet. Johann Peter Hebel im Markgräflerland*. Marbacher Magazin 23. Deutsche Schillergesellschaft, Marbach am Neckar 1982.

Eduard Mörike, *Sämtliche Werke*. Hrsg. von Herbert G. Göpfert. Carl Hanser Verlag, München 1964.

Eduard Mörike, *Werke und Briefe*. Historisch-kritische Gesamtausgabe herausgegeben von Hans-Henrik Krummacher, Herbert Meyer und Bernhard Zeller. Ernst Klett Verlag, Stuttgart 1967ff.

Helmuth Mojem, *Glükseelig Suevien ... Die Entdeckung Württembergs in der Literatur*. Marbacher Magazin 97. Deutsche Schillergesellschaft, Marbach a. N. 2002.

Friedrich Pfäfflin und Reinhard Tgahrt, *Justinus Kerner. Dichter und Arzt (1786–1862)*. Marbacher Magazin 39. Deutsche Schillergesellschaft, Marbach am Neckar 1986.

Friedrich Pfäfflin, *Wilhelm Hauff (1802–1827). Ein Erfolgsschriftsteller im 19. Jahrhundert*. Marbacher Magazin 18. Deutsche Schillergesellschaft, Marbach am Neckar 1981.

Waltraud Pfäfflin, Friedrich Pfäfflin und Udo Dickenberger, *Der Stuttgarter Hoppenlau-Friedhof als literarisches Denkmal*. Marbacher Magazin 59. Deutsche Schillergesellschaft, Marbach am Neckar 1991.

Petra Plättner, *Jedes fühlende Wesen stehe mit Andacht hier. Das Grab der Caroline Schelling in Maulbronn*. Spuren 21. Deutsche Schillergesellschaft, Marbach am Neckar 1993.

Roland Reuß und Peter Staengle, *Wunderhorn Almanach 2006*. Verlag Das Wunderhorn, Heidelberg 2005.

Wolfgang Sannwald, *Die Geschichte von Gomaringen*. Gomaringer Verlag, Gomaringen 1988.

Wolfgang Sannwald, *Burg und Schloß in Gomaringen*. Gomaringer Verlag, Gomaringen 1998.

Joseph Victor von Scheffel. *Sämtliche Werke*. Hrsg. von Johannes Franke. 10 Bände. Hesse & Becker Verlag, Leipzig 1916.

Walter Scheffler und Albrecht Bergold, *Ludwig Uhland (1787–1862). Dichter, Germanist, Politiker*. Marbacher Magazin 42. Deutsche Schillergesellschaft, Marbach am Neckar 1987.

Walter Scheffler, *Lenau in Schwaben. Eine Dokumentation in Bildern*. Marbacher Magazin 5. Deutsche Schillergesellschaft, Marbach am Neckar 1977.

Thomas Scheuffelen, Eva Dambacher und Hildegard Diecke, *... in Dichters Lande ... Literarische Museen und Gedenkstätten in Baden-Württemberg*. Katalog zur Ausstellung. Deutsche Schillergesellschaft, Marbach am Neckar 1981.

Thomas Scheuffelen, *Berthold Auerbach 1812–1882*. Marbacher Magazin 36. Deutsche Schillergesellschaft, Marbach am Neckar 1985.

Brigitte Schillbach und Eva Dambacher, *Gustav Schwab. 1792–1850. Aus seinem Leben und Schaffen*. Marbacher Magazin 61. Deutsche Schillergesellschaft, Marbach am Neckar 1992.

Hannelore Schlaffer, *Johann Peter Hebel: Schatzkästlein des Rheinischen Hausfreundes. Ein Werk in seiner Zeit. Mit Bilddokumenten, Quellen, historischem Kommentar und Interpretation*. Rainer Wunderlich Verlag, Tübingen 1980.

Levin Schücking, *Annette von Droste. Ein Lebensbild*. K. F. Koehler Verlag, Stuttgart, 3. Aufl. 1953.
Levin Schücking, *Gedichte*. Cotta'scher Verlag, Stuttgart/Tübingen 1846.
Hans Jürgen Schulz (Hrsg.), *Frauen. Porträts aus zwei Jahrhunderten*. Kreuz Verlag, Stuttgart 1981.
Gustav Schwab, *Die Neckarseite der Schwäbischen Alb, mit Andeutungen über die Donauseite, eingestreuten Romanzen und anderen Zugaben*. Wegweiser und Reisebeschreibung. J. B. Metzler'sche Verlagsbuchhandlung, Stuttgart 1823.
Gustav Schwab, *Wanderungen durch Schwaben*. Mit Stahlstichen nach Zeichnungen von Ludwig Mayer. Vorwort von Hermann Bausinger. Neuausgabe im Bleicher Verlag, Gerlingen 2001.
Gustav Schwab, *Der Bodensee, nebst dem Rheintale von St. Luziensteig bis Rheinegg. Handbuch für Reisende und Freunde der Natur, Geschichte und Poesie*. Unveränderter Nachdruck der Ausgabe Stuttgart und Tübingen 1827. Seekreis Verlag, Konstanz 1969.
Gustav Schwab, *Gedächtnißrede auf Frau Emilie Reinbeck geb. Hartmann. Lebensabrisse der Verewigten für ihre Freunde*. Gedruckt bei Metzler 1846.
Rolf Selbmann, »Der Dichter und seine Zeit. Joseph Victor von Scheffel und das 19. Jahrhundert.« In: *Zeitschrift für Geschichte des Oberrheins*. 126, 1978. S. 285–302.
Wilfried Setzler, *Tübingen. Auf alten Wegen Neues entdecken*. Verlag Schwäbisches Tagblatt, Tübingen, 4. Aufl. 2005.
Wilfried Setzler, Benigna Schönhagen und Hans-Otto Binder, *Kleine Tübinger Stadtgeschichte*. Silberburg-Verlag, Tübingen 2006.
Hans-Ulrich Simon, *Mörike in Porträts seiner Zeit. Eine Ikonographie*. Hohenheim Verlag, Stuttgart 2004.
Gerhard Storz, *Schwäbische Romantik. Dichter und Dichterkreise im alten Württemberg*. W. Kohlhammer Verlag, Stuttgart 1967.
Heidi Thomann Tewarson, *Rahel Varnhagen mit Selbstzeugnissen und Bilddokumenten*. Rowohlt Taschenbuch Verlag, Reinbek 1988.
Emilie Uhland, *Ludwig Uhlands Leben*. Aus dessen Nachlaß und aus eigener Erinnerung zusammengestellt von seiner Witwe. J. G. Cotta'sche Buchhandlung, Stuttgart 1874.
Ludwig Uhland, *Werke in drei Teilen*. Herausgegeben mit Einleitungen und Anmerkungen versehen von Adalbert Silbermann. Deutsches Verlagshaus Bong & Co., Berlin-Leipzig-Wien-Stuttgart [um 1910].
Karl August Varnhagen von Ense, *Denkwürdigkeiten und vermischte Schriften*. 3. Band. Heinrich Hoff Verlag, Mannheim 1838.
Rahel Varnhagen, *Gesammelte Werke*. Hrsg. von Konrad Feilchenfeldt, Uwe Schweikert und Rahel E. Steiner. Matthes & Seitz Verlag, München 1983.
Werner Volke, *Hölderlin in Tübingen*. Marbacher Magazin 11. Deutsche Schillergesellschaft, Marbach am Neckar 1978.
Inge und Reiner Wild (Hrsg.), *Mörike-Handbuch. Leben – Werk – Wirkung*. J. B. Metzler'sche Verlagsbuchhandlung, Stuttgart 2004.
Rosemarie Wildermuth, »Zweimal ist kein Traum zu träumen«. *Die Weiber von Weinsberg und die Weibertreu*. Marbacher Magazin 53. Deutsche Schillergesellschaft, Marbach am Neckar 1990.

Gregor Wittkop (Hrsg.), *Hölderlin der Pflegsohn. Texte und Dokumente 1806–1843 mit den neu entdeckten Nürtinger Pflegschaftsakten*. J. B. Metzler'sche Verlagsbuchhandlung, Stuttgart/Weimar 1993.

Bernhard Zeller, *Schwäbische Dichter in romantischer Zeit*. Mit Bildern, Zeichnungen, Handschriften und Buchtiteln aus dem Schiller-Nationalmuseum in Marbach am Neckar. Druck der Höheren Fachschule für das Graphische Gewerbe, Stuttgart o. J.

Bernhard Zeller und Walter Scheffler (Hrsg.), *Literatur im deutschen Südwesten*. Konrad Theiss Verlag, Stuttgart 1987.

Bernhard Zeller, *Schwäbischer Parnass. Ein Streifzug durch die Literaturgeschichte Württembergs*. Neuausgabe. Silberburg-Verlag, Tübingen 2005.

Bernhard Zeller, *Blaubeuren und die Literatur*. In: Hansmartin Decker-Hauff und Immo Eberl (Hrsg.), *Blaubeuren. Die Entwicklung einer Siedlung in Südwestdeutschland*. Jan Thorbecke Verlag, Sigmaringen 1986, S. 871–890.

Orts- und Personenregister

Alexander Graf von Württemberg siehe Württemberg
Arnim, Achim von (1781–1831) 10, 12, 15, 21, 22, 24, 25, 27, 40, 138, 198, 219
Arnim, Bettine von, geb. Brentano (1785–1859) 25, 126, 218
Aston, Louise, geb. Hoche, wiederverh. Meier (1814–1871) 60, 61
Aston, Samuel (1792–1848) 60
Auerbach, Berthold (1812–1882) 40, 114, 221
Autenrieth, Johann Ferdinand (1772–1835) 190, 194
Bad Homburg vor der Höhe 219, 220
Bad Liebenzell, Kreis Calw 102, 105
Bad Mergentheim, Main-Tauber-Kreis 56
Bad Säckingen, Kreis Waldshut 76–79, 85, 86, 222
Baden, Großherzog Karl Friedrich von (1728–1811) 12, 110
Baden-Baden 8, 108–121, 130, 222
Bad Teinach-Zavelstein, Kreis Calw 102
Bad Wildbad, Kreis Calw 36, 102
Barth, Christian Gottlob (1799–1862) 102
Basel 89–91, 95–99
Bauer, Ludwig Amandus (1803–1847) 54, 208
Baur, Ferdinand Christian (1792–1860) 55
Bebel, Heinrich (1472–1518) 193
Bebenhausen, Stadt Tübingen 209
Beer, Michael (1605–1666) 197
Behrends, Marie (1811–1889) 114
Berlin 9, 12, 25, 61, 130, 182, 214

Betz, Helmut 142
Bischofszell, Kanton Thurgau 66
Blaubeuren, Alb-Donau-Kreis 51–55, 222
Blumhardt, Johann Christoph (1805–1880) 208
Bönnigheim, Kreis Ludwigsburg 218, 222
Börne, Ludwig (1786–1837) 13, 154
Boisserée, Sulpiz (1783–1854) 30, 112
Bordeaux 219
Borst, Arno (*1925) 65
Borst, Otto (1924–2001) 81, 174
Brahms, Johannes (1833–1897) 117
Brentano, Bettine siehe Arnim
Brentano, Clemens (1778–1842) 10, 12, 19–27, 32, 33, 120, 138, 198, 218
Brentano, Sophie siehe Mereau
Breunlin, Henrike siehe Hölderlin
Brombach, Stadt Lörrach 89, 91, 95
Bruchsal, Kreis Karlsruhe 79
Brüssel 130
Bruyn, Günter de (*1926) 58
Büchel, Emanuel (1705–1775) 98, 99
Bürger, Gottfried August (1747–1794) 35
Burckhardt, Jacob (1818–1897) 91
Buselmeier, Michael (*1938) 14, 20
Calw 105, 222
Chamisso, Adelbert von (1781–1838) 181, 186
Chopin, Frédéric (1810–1849) 154

Clauren, Heinrich siehe Heun, Carl Gottlieb
Cleversulzbach, Stadt Neuenstadt am Kocher, Kreis Heilbronn 45–50, 222
Cotta, Johann Friedrich von (1764–1832) 111, 159, 182, 189, 190, 198, 199, 203, 204, 206
Cotta, Georg von (1796–1863) 181–183, 187, 206
Creuzer, Georg Friedrich (1771–1858) 12, 22, 25, 32–34, 127
Crusius, Martin (1526–1607) 171
Dagobert I., fränk. König (†638/39) 67
Dingelsdorf, Stadt Konstanz 65
Donaueschingen, Schwarzwald-Baar-Kreis 63, 82
Dostojewskaja, Anna Grigorjewna (1846–1918) 116
Dostojewski, Fedor (1821–1881) 116
Dresden 112
Droste-Hülshoff, Annette von (1797–1848) 9, 62, 64, 66, 68, 70, 72–75, 126, 145
Drück, Friedrich (1754–1807) 184
Dürrson, Werner (*1932) 58
Dürrmenz, Stadt Mühlacker, Enzkreis 36
Durlach, Stadt Karlsruhe 125
Duttenhofer, Luise (1776–1829) 159, 165
Eberhard I. Herzog von Württemberg siehe Württemberg
Eberhard II., der Greiner, Graf von Württemberg siehe Württemberg
Echterdingen, Stadt Leinfelden-Echterdingen, Kreis Esslingen 150
Eggers, Friedrich (1819–1872) 79
Egglisperger, Andreas 65
Ehmann, Friederike siehe Kerner

Eichendorff, Joseph von (1788–1857) 11–15, 28, 56–59, 145
Eichendorff, Wilhelm von (1786–1849) 12
Ekkehard, Mönch von St. Gallen (†990) 80, 81
Eppishausen, Kanton Thurgau 64, 66
Erfurt 112
Erlangen 92
Essich, Johann Friedrich 205
Esslingen am Neckar 219
Fecht, Gustave (1768–1828) 89, 92, 97
Fichte, Johann Gottlieb (1762–1814) 136
Förster, Katharina Barbara (1789–1837) 15
Forster, Georg (1754–1794) 136
Frankfurt am Main 30, 105, 112, 117, 126, 130, 149
Franziska Herzogin von Württemberg siehe Württemberg
Freiburg im Breisgau 95
Freiligrath, Ferdinand (1810–1875) 40, 181
Freytag, Gustav (1816–1895) 58
Friedrich I. König von Württemberg siehe Württemberg
Frischlin, Nikodemus (1547–1590) 193, 197, 207
Fürstenberg, Fürst Karl Egon II. von (1796–1854) 82
Gaildorf, Kreis Schwäbisch Hall 36
Ganzhorn, Wilhelm (1818–1880) 40
Geibel, Emanuel (1815–1884) 40
Gernsbach, Kreis Rastatt 112
Gmelin, Christian Gottlieb (1749–1818) 182
Gmelin, Charlotte (1812–1889) 162
Görres, Joseph (1776–1848) 12, 21, 22
Goes, Albrecht (1908–2000) 146

Goethe, Johann Wolfgang von (1749–1832) 9, 11, 20, 24, 28, 30, 32, 87, 88, 112, 165, 189, 203, 216, 217, 219
Göttingen 136
Götzenberger, Jakob (1802–1866) 119
Gogol, Nikolaj (1809–1852) 116
Gok, Johanna siehe Hölderlin
Gok, Karl (1776–1849) 187
Gomaringen, Kreis Tübingen 160, 180–188, 222
Gotter, Pauline (1789–1854) 135
Graimberg, Charles de (1774–1864) 28
Grenzach, Grenzach-Wyhlen, Kreis Lörrach 97
Grimm, Wilhelm (1786–1859) 21
Günderrode, Karoline von (1780–1806) 20, 32–34, 125, 126, 128
Günderrode, Louise von (1759–1819) 126
Hadwig, Herzogin von Schwaben (938/40–994) 80
Härtling, Peter (*1933) 58, 197, 213
Halberstadt 60
Halle an der Saale 13
Hanau, Main-Kinzig-Kreis 126
Hartlaub, Wilhelm (1804–1885) 48, 208, 220
Hartmann, Emilie siehe Reinbeck
Hartmann, Johann Georg August (1764–1849) 165–179
Hartmann, Johann Georg (1731–1811) 163
Hartmann, Mariette, geb. Dannenberger (1766–1832) 159, 165
Hauff, Hermann (1800–1865) 159
Hauff, Luise (1806–1867) 155, 157, 168
Hauff, Wilhelm (1802–1827) 55, 154, 155, 157, 158, 166, 193, 207, 209
Hauff, Wilhelmine (1827–1842) 158

Haug, Friedrich (1761–1829) 159, 165
Hauingen, Stadt Lörrach 95
Hauptwil, Kanton Thurgau 219
Hausen im Wiesental, Kreis Lörrach 89–93, 96, 222
Havelberg 50
Hebel, Johann Jakob (1720–1761) 90, 91, 96, 97
Hebel, Johann Peter (1760–1826) 9, 84, 87–99, 111, 122, 123
Hebel, Ursula, geb. Oertlin (1727–1773) 90, 91, 96, 97
Hegel, Georg Wilhelm Friedrich (1770–1831) 136, 154, 204, 207
Heidelberg 9, 11–34, 36, 56, 80, 95, 112, 125, 161, 200, 214, 215, 223
Heideloff, Carl Alexander (1789–1865) 176
Heiligenberg, Bodenseekreis 63
Heim, Emma, verh. Mackenrodt 79
Heine, Heinrich (1797–1856) 9, 25, 42, 181, 184–186
Helmbund, Wüstung bei Neuenstadt am Kocher, Kreis Heilbronn 50
Hertingen, Stadt Bad Bellingen, Kreis Lörrach 95
Herwegh, Georg (1817–1875) 209
Hesse, Hermann (1877–1962) 51, 132
Heun, Carl Gottlieb (1771–1854) 168
Hirsau, Stadt Calw 100–107, 222
Hoche, Louise siehe Aston
Hölderlin, Friedrich (1770–1843) 9, 16–18, 43, 132, 150, 187, 188, 193–197, 204, 207–209, 213–216
Hölderlin, Heinrich Friedrich (1736–1772) 216
Hölderlin, Heinrike, verh. Breunlin (1772–1850) 220

Hölderlin, Johanna, geb. Heyn, verw. Gok (1748–1828) 17, 216, 219
Hoffmann, E. T. A. (1776–1822) 145
Hohenasperg, Stadt Asperg, Kreis Ludwigsburg 141
Hohenheim, Schloss, Stadt Stuttgart 153
Hohentwiel, Stadt Singen, Kreis Konstanz 80, 223
Honau, Lichtenstein, Kreis Reutlingen 179, 223
Horb am Neckar, Kreis Freudenstadt 221, 223
Huber, Therese (1764–1829) 136, 165
Huch, Ricarda (1864–1947) 138
Huchel, Peter (1903–1981) 58
Hügel, Ernst Eugen Freiherr von (1774–1849) 155, 168
Hugo, Victor (1802–1885) 116
Humboldt, Wilhelm (1767–1835) 136
Iselin-Ryhiner, Johann Jakob (1704–1772) 90, 97
Janker, Josef W. (*1922) 59
Jean Paul, eigentlich Johann Paul Friedrich Richter (1763–1825) 20, 145, 154, 163, 165
Jena 9, 19, 26, 136, 219, 220
Jung-Stilling, Heinrich (1740–1817) 111, 165
Karl Eugen Herzog von Württemberg siehe Württemberg
Karlsruhe 76, 87, 92, 117, 121–130, 223
Kepler, Johannes (1571–1630) 207
Kerner, Christoph Ludwig (1744–1799) 141
Kerner, Friederike, geb. Ehmann (1786–1854) 39, 44
Kerner, Friederike Luise, geb. Stockmayer 141
Kerner, Georg (1770–1812) 146
Kerner, Justinus (1786–1862) 8, 10, 28, 35–44, 50, 73–75, 100, 102, 113, 131–133, 138, 140–142, 146, 148, 150, 161, 176, 181, 182, 190, 193, 194, 197–200, 202, 206, 219
Kerner Theobald (1817–1907) 40, 43, 73
Kirchhofer, Franz Werner (1633–1690) 79
Kirsten, Wulf (*1934) 58
Klagenfurt 59
Kleist, Heinrich von (1777–1811) 125, 126
Kleist, Ulrike von (1774–1849) 125
Knapp, Albert (1798–1864) 40
Köhler, Willibald (1886–1976) 58
Köln 35
Köngen, Kreis Esslingen 219
Köstlin, Heinrich (1787–1859) 197, 200, 206
Konrad III., röm.-dt. König (1093–1152) 35
Konradin, Herzog von Schwaben (1252–1268) 67, 68
Kurz, Hermann (1813–1873) 40, 45, 48, 132, 209
Langenargen, Bodenseekreis 62
Langenfeld siehe Spee von Langenfeld
La Roche, Sophie (1731–1807) 218
Laßberg, Jenny (1795–1859) 64, 66, 68, 73
Laßberg, Joseph Freiherr von (1770–1855) 62, 64–66, 70, 73, 74, 82
Laube, Heinrich (1806–1884) 9
Lauffen am Neckar, Kreis Heilbronn 213, 215, 217, 218, 223
Lenau, Nikolaus (1802–1850) 10, 28, 39, 114, 145, 150, 160–163, 166, 211, 219
Lenk, Peter (*1947) 216
Lessing, Gotthold Ephraim (1729–1781) 102

Lewald, August (1793–1871) 114, 116
Lichtenstein, Kreis Reutlingen 158, 167–179, 223
Lichtental, Stadt Baden-Baden 113–115, 118
Liselotte von der Pfalz (1652–1722) 16
List, Friedrich (1789–1846) 40
Loeben, Graf Otto Heinrich von (1786–1825) 15
Lörrach 89, 92, 96, 97, 223
Lübeck 105
Ludwig Herzog von Württemberg siehe Württemberg
Ludwigsburg 131, 138–148, 215, 223
Lustnau, Stadt Tübingen 181
Luther, Martin (1483–1546) 23
Mährlen, Johannes (1803–1871) 145, 208
Mannheim 56
Martell, Karl, fränk. Hausmeier (686–741) 67, 68
Martini, Fritz (1909–1991) 85
Matthison, Friedrich (1761–1831) 163, 165
Maulbronn, Enzkreis 102, 131–137, 224
Mayer, Karl (1786–1870) 39, 43, 150, 187, 197, 200, 206
Mayer, Louis (1791–1843) 187
Meersburg, Bodenseekreis 62–75, 223
Meier, Eduard Daniel (1812–1873) 60
Meier, Louise siehe Aston
Melac, Ezéchiel (1630–1704) 101
Melanchthon, Philipp (1497–1560) 42
Menz, Maria (1903–1996) 59
Menzel, Wolfgang (1798–1873) 159
Mereau, Sophie, geb. Schubart, wiederverh. Brentano (1770–1806) 26, 27, 126

Mesmer, Franz Anton (1734–1815) 73, 74
Meyer, Maria (1802–1865) 145, 208
Michaelis, Philipp 135
Mörike, August (1807–1824) 145
Mörike, Charlotte Dorothea (1771–1841) 45, 50
Mörike, Eduard (1804–1875) 9, 39, 45–55, 141, 144, 145, 149, 166, 193, 194, 207–209, 219, 220
Mörike, Klara (1816–1903) 45, 146
Mörike, Margarethe, geb. Speeth (1818–1903) 146
Motte-Fouqué, Friedrich de la (1777–1843) 40, 200
Müller-Gögler, Maria (1900–1987) 59
Murrhardt, Rems-Murr-Kreis 135
Musset, Alfred de (1810–1857) 116
Napoleon Bonaparte (1769–1821) 95, 110
Nast, Immanuel (1769–1829) 132
Neiße (Nysa), Schlesien, Polen 58
Nerval, Gérard de (1808–1855)115, 116
Neuburg, Stift 8, 16, 32, 34
Neuenstadt am Kocher, Kreis Heilbronn 50
Nicolai, Friedrich (1733–1811) 153, 165
Niendorf, Emma siehe Suckow
Nietzsche, Friedrich (1844–1900) 217
Nordstetten, Stadt Horb am Neckar, Kreis Freudenstadt 221, 223
Novalis, eigentlich Georg Friedrich Freiherr von Hardenberg (1772–1801) 136
Nürnberg 51
Nürtingen, Kreis Esslingen 214, 219, 220, 224
Paris 25, 102, 110, 200

Paul, Jean, siehe Jean Paul
Pauline Königin von Württemberg
  siehe Württemberg
Pelargus, Wilhelm 216
Pfaff, Moriz (1803–1875) 156,
  170, 172
Pfizer, Gustav (1807–1890) 40
Piontek, Heinz (1925–2003) 58
Plantsch, Martin (†1533) 197
Platen, August von (1796–1835)
  28
Radolfzell, Bodenseekreis 84,
  86
Rapp, Gottlob Heinrich
  (1761–1832) 159
Rapp, Moritz (1803–1883) 221
Ratibor (Racibórz), Oberschlesien, Polen 59
Rau, Luise (1806–1891) 145
Reimer, Karl 186
Reinbeck, Georg von
  (1766–1849) 159, 161, 166
Reinbeck, Emilie von, geb. Hartmann (1794–1846) 159,
  161–163, 165, 166
Reutlingen 176, 180, 185
Rötteln, Stadt Lörrach 96
Rohrbach, Stadt Heidelberg 16
Rottweil 221
Rückert, Friedrich (1788–1866)
  40, 163
Rupp, Johann Georg 176, 185
Sand, George (1804–1876) 116
Sankt Gallen 80, 86, 149
Sankt Petersburg 110
Schebest, Agnese (1813–1870)
  159
Scheffel, Maria Josephine geb.
  Kreiderer (1805–1865) 80
Scheffel, Victor von (1826–1886)
  9, 76–86, 122, 123
Schelling, Caroline,
  geb. Michaelis, verh. Schlegel
  (1763–1809) 133, 135–137
Schelling, Friedrich Wilhelm
  Joseph (1775–1854) 33, 133,
  135–137, 204, 207, 220

Schelling, Gottliebin Marie
  (1746–1818) 135
Schelling, Joseph Friedrich
  (1737–1812) 135
Schiller, Elisabetha Dorothea
  (1732–1802) 50
Schiller, Friedrich (1759–1805)
  26, 165, 187, 203, 216
Schlegel, August Wilhelm
  (1767–1845) 21, 136
Schlegel, Caroline, siehe
  Schelling, Caroline
Schlegel, Friedrich (1772–1829)
  21, 23, 136
Schlosser, Johann Friedrich
  Heinrich (1780–1851) 32
Schmid, Siegfried (1774–1859)
  217
Schneider, Reinhold (1903–1958)
  86
Schönau, Maria Ursula von
  (1632–1691) 79
Schopfheim, Kreis Lörrach 89, 91,
  95, 96, 224
Schopenhauer, Adele
  (1797–1849) 112
Schopenhauer, Johanna
  (1766–1838) 112
Schott, Albert (1782–1861) 150
Schreiber, Aloys Wilhelm
  (1761–1841) 114, 120, 125
Schubart, Christian Friedrich
  Daniel (1739–1791) 55, 141,
  159, 165
Schücking, Levin (1814–1883)
  62, 66, 68, 70
Schumann, Clara (1819–1896)
  117
Schwab, Christoph Theodor
  (1821–1883) 187, 194, 197
Schwab, Gustav (1792–1850)
  8–10, 39, 64–66, 101, 102,
  104, 106, 112, 158–161, 165,
  166, 171, 180–188, 194, 203,
  205–207, 214, 219
Schwab, Ludwig (1830–1840)
  188

Schwab, Sophie, geb. Gmelin
 (1795–1865) 159, 160, 162,
 165, 181, 182
Schwanitz, Karl (1823–1903) 77,
 80
Schwetzingen, Rhein-Neckar-
 Kreis 56, 92, 122
Schwind, Moritz (1804–1871)
 119
Scott, Walter (1771–1832) 167,
 169, 170, 172
Seckendorf, Leo von (1775–1809)
 198
Silcher, Friedrich (1789–1860)
 198
Singen, Kreis Konstanz 223
Solitude, Schloss, Stuttgart 8
Spee von Langenfeld, Friedrich
 (1591–1635) 23
Stadion, Graf Friedrich von
 (1691–1768) 218
Steeb, Carlo (1773–1856) 205
Steeb, Johann Heinrich 204, 205
Steinen, Kreis Lörrach 91
Stöber, Adolf (1810–1892) 183
Storm, Theodor (1817–1888) 52
Storz, Gerhard (1898–1983) 9
Straßburg 93, 105, 122
Strauß, David Friedrich
 (1808–1874) 38, 39, 52, 55,
 141, 142, 209, 221
Stuttgart 103, 105, 114, 149–166,
 180, 181, 187, 188, 200, 214,
 217, 218, 224
Suckow, Emma von (1807–1876)
 114, 161
Thorvaldsen, Bertel (1770–1844)
 154, 184
Thouret, Nikolaus Friedrich von
 (1767–1845) 143
Tieck, Ludwig (1773–1853) 21,
 40, 88, 112, 163, 214
Todtnau, Kreis Lörrach 89
Tolstoi, Leo (1828–1910) 116
Tübingen 36, 55, 150, 153, 180,
 187, 189–212, 214, 215, 221,
 224

Turgenev, Ivan (1818–1883) 116,
 117
Überlingen, Bodenseekreis 65
Uhland, Emilie, geb. Vischer
 (1799–1881) 104–106, 113
Uhland, Ludwig (1787–1862)
 8–10, 28, 39, 52, 62, 64, 65,
 70, 73, 85, 102–106, 113, 150,
 154, 158, 161, 176, 181, 184,
 186, 188, 190, 192–194,
 197–200, 206, 209, 211, 212,
 219, 221
Ulrich Herzog von Württemberg
 siehe Württemberg
Varnhagen von Ense, Karl August
 (1785–1858) 10, 39, 117, 119,
 121, 126–130, 189, 190, 200,
 203
Varnhagen von Ense, Rahel
 (1771–1833) 117, 119, 121,
 126–130
Vergil, Publius Maro
 (70–19 v. Chr.) 87
Viardot, Pauline (1821–1910)
 116, 117
Vischer, Emilie siehe Uhland
Vischer, Friedrich Theodor
 (1807–1887) 55, 141, 146, 209
Voß, Johann Heinrich von
 (1751–1826) 21, 23, 145
Waiblinger, Wilhelm (1804–1830)
 193, 194, 208
Waldenbuch, Kreis Böblingen
 150
Wangen im Allgäu, Kreis Ravens-
 burg 56–61, 224
Walser, Martin (*1927) 59
Weber, Carl Maria von
 (1786–1826) 108, 111
Weil am Rhein, Kreis Lörrach 97
Weimar 112
Weinsberg, Kreis Heilbronn
 35–44, 50, 142, 146, 161, 181,
 215, 224
Weißer, Friedrich (1761–1836)
 198
Welzheim, Rems-Murr-Kreis 36

Werner, Zacharias (1768–1823) 28
Wieland, Christoph Martin (1733–1813) 193
Wien 58, 200
Wiesel, Pauline (1778–1848) 118
Wildermuth, Ottilie (1817–1877) 40
Wilhelm, Abt von Hirsau (um 1030–1091) 100
Wilhelm Graf von Württemberg siehe Württemberg
Wilhelm I. König von Württemberg siehe Württemberg
Willemer, Marianne von (1784–1860) 20, 28, 30, 32, 112
Winnental, Stadt Winnenden, Rems-Murr-Kreis 166
Wittenberg 106, 107
Wolf, Christa (*1929) 125, 126, 128
Württemberg, Graf Alexander v. (1801–1844) 39, 161, 175, 219
Württemberg, Graf Eberhard II., der Greiner, von (1315–1389) 103
Württemberg, Graf Wilhelm von (1810–1869) 175
Württemberg, Herzog Eberhard I. von (1445–1496) 42
Württemberg, Herzog Karl Eugen von (1728–1793) 133, 140, 141, 204, 216
Württemberg, Herzog Ludwig von (1554–1593) 101
Württemberg, Herzog Ulrich von (1487–1550) 167, 1700, 171, 173, 174, 207
Württemberg, Herzogin Franziska von (1748–1811) 140
Württemberg, König Friedrich I. von (1754–1816) 175
Württemberg, Königin Pauline von (1800–1873) 37
Württemberg, König Wilhelm I. von (1781–1864) 37
Wunderlich, Werner (*1944) 81
Wurmlingen, Stadt Rottenburg am Neckar, Kreis Tübingen 8, 209, 211, 212
Zeller, Bernhard (*1919) 51, 138
Zeller, Eva (*1923) 58
Zimmer, Ernst (1772–1838) 194, 196, 214
Zimmer, Charlotte (1813–1879) 196, 214
Zimmermann, Wilhelm (1807 bis 1878) 54
Zumsteeg, Emilie (1796–1857) 159

Frühling lässt sein blaues Band ...

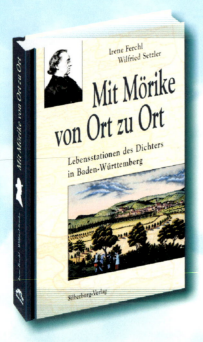

Irene Ferchl · Wilfried Setzler

Mit Mörike von Ort zu Ort

Lebensstationen des Dichters in Baden-Württemberg

Eduard Mörike (1804–1875), »einer der größten Lyriker aller Zeiten« (Hermann Hesse), ist in seinem Leben oft umgezogen. In Briefen, Erzählungen und Gedichten hat er seine Lebensstationen und Aufenthaltsorte anschaulich und poetisch geschildert, viele hat er in Zeichnungen festgehalten. Angeregt und bestimmt von örtlichen Gegebenheiten sind seine schönsten Gedichte entstanden.

Irene Ferchl und Wilfried Setzler folgen dem Dichter auf seinen verschlungenen Pfaden, beschreiben seine Lebensstationen und lassen ihn mit Briefpassagen und Gedichten zu Wort kommen. Besucht werden dabei die Wohnorte – angefangen bei der Kindheit in Ludwigsburg über das Seminar in Urach, das Evangelische Stift in Tübingen, die Vikariate und das Pfarramt in Cleversulzbach bis zu den Ruhestandssitzen in Schwäbisch Hall, Mergentheim, Stuttgart, Lorch, Nürtingen und Fellbach - und auch die Stationen seiner längeren Aufenthalte während einer »Auszeit« in Oberschwaben, den Kuren im Schwarzwald, bei Reisen um den Bodensee oder zur Erholung in Bebenhausen.

Entstanden ist eine informative und anschauliche, reich illustrierte und spannend zu lesende »geographische Biographie« mit Anregungen für Ausflüge und Spaziergänge auf den Spuren des großen Dichters aus Schwaben.

320 Seiten, 171 meist farbige Abbildungen, fester Einband, ISBN 3-87407-577-X

www.silberburg.de

Erhältlich im Buchhandel.

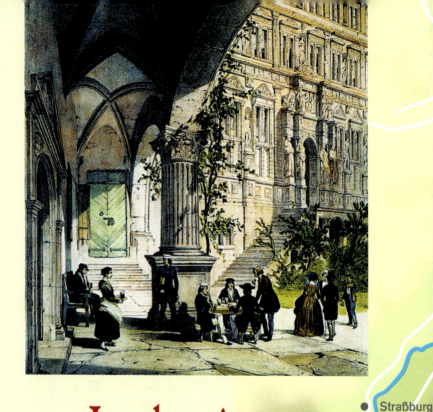

Landpartien in die Romantik

Auf den Spuren der Dichter durch Baden-Württemberg